JN072002

Pandemic and global society
Door to another society

パンデミックとグローバル社会

もうひとつの社会への扉

編著 ｜ 中西 眞知子

著 ｜ 川端勇樹　　　西川絹恵　　　津村将章
　　　中條秀治　　　齊藤 毅　　　牛膓政孝
　　　小田中 悠　　　谷口勇仁　　　Richard Harris

晃洋書房

目　　次

序

中西眞知子

　2019年末に中国武漢から始まったといわれる新型コロナウイルス感染症（covid-19）は2020年1月以来，全世界に広がり，3月にはWHOからパンデミックと宣言された。今回のパンデミックは東西南北を問わず，またたく間に南極まで含めて地球全体に広がり，グローバル社会に大きな影響を与えることになった。私たちの政治も経済も生活も冠婚葬祭も仕事も芸術もスポーツも医療も旅行もレジャーも教育もグローバルな社会全体のあらゆるものが劇的に変化した。

　このためパンデミックをとりあげた本書の企画を試みた。本書の出版の背景として，個人的なものではあるが，以下のような事情がある。編者は2020年9月から1年間，2010年以来10年ぶりの内外研究としてロンドン大学ゴールドスミスカレッジに客員研究員として赴く予定でいた。10年前招聘いただいたスコット・ラッシュの退職後で，マシュー・フューラーから1年間の招聘状をいただいていた。しかしパンデミックのために日本の外務省の英国や欧州の危険度3（渡航中止勧告）がずっと変わらず，渡英できないままに2021年9月を迎えることになった。この間，2021年8月から9月にスペインのバルセロナの第15回ESA（欧州社会学会）にロンドンから格安航空で向かうはずであった。が，オンライン開催となったため，日本の自宅からZOOM出席した。社会理論部会の「ウイルスとパンデミック」という分科会で「日本におけるパンデミックとパラダイム転換」というタイトルで発表を行って，討論に参加した。そこ

では，画面上ではあるがパンデミックに直面して欧州の社会と日本社会に共通する考え方や行動と異なる考え方や行動の両方を実感することになった。お招きいただいたフェラーに渡英できなかったことを詫びて，ESA の原稿をメールでお送りしたところ，ゴールドスミスで会うことができなかったのは残念であったが実り多い研究ができたのではないか，という返信をいただいた。渡英できなかったことはまことに残念であった。が，このパンデミックは私たちが100年に一度しか遭遇しないものであり，急激なグローバリゼーションがもたらした帰結の一つである。そこで，「パンデミック」をテーマとしていろいろな観点からグローバル社会を論じることは，まさに世界の「今」起きているできごとを対象とするもので，非常に意義深いものではないか，と考えるに至った。

　このような背景のもとに，パンデミックとグローバル社会に関して，パラダイム転換，空間，企業，自己の変容など多様な視点から論じたものに何編かのコラムを加えて編むことができれば，と考案して企画したのが本書である。

　第 1 章は「パンデミックのもたらしたパラダイム転換——再帰性の観点から」である。グローバリゼーションが引き起こしたパンデミックによって私たちの社会に大きなパラダイム転換が起きたことを再帰性の観点から論じている。

　新型コロナウイルスによるパンデミックが社会にもたらしたものや日本の再帰性の特性，ペストやスペイン風邪の歴史などから，以下の三つのパラダイム転換を見出す。

　第一にオンラインやビッグデータの利用によってデジタル化が進むことによって，リアルな世界とバーチャルな世界の境界線が曖昧なものとなり，相互に干渉し，浸透しあうことである。これは逆説的ではあるが，

プラットフォーム資本主義がマシンによって変容させている直感的再帰性を，再び私たちが自らの手に取り戻す機会の到来でもある。

　第二に，家庭や地域にとどまることで，日常のローカルな体験の見直しや隣人との共同生活の分かち合いにつながることである。インフォーマル空間における共同体感覚で，経済的利益をともなわなくても共感する分かち合いの世界である。一方で，モビリティの制限によって閉鎖性が高まり，とりわけ同調圧力の高い日本においては，監視社会を招くことや，コミュニティの移民や難民に対する受容度が低まることが危惧される。

　第三に，ウイルスなども含めた自然との共生である。人間の力を超える自然を畏怖し，主観対主観の関係性を築いていたかつての日本人の自然観を取り戻すことである。これは世界的にみても，日本に代表されるような生活様式や日本の文化思想を改めて見直すことにつながる。さらにパンデミックは地球環境という点から自然からの警告とも考えられる。

　パンデミックによって，再帰的なグローバリゼーションに拍車がかかり，リアルな世界とバーチャルな世界，グローバルな領域とローカルな領域，人間と人間以外のものとの境界が今以上に曖昧となり，新しい再帰性が誕生することにもなろうと結ぶ。そしてこういったパラダイム転換の中で，私たちのこれまでの近代化やグローバル化が，改めて問い直されることになるのではないかと提起する。

　コラム１「パンデミックの中での研究生活」は，現場主義を重視する研究者の立場から，パンデミックが続くなかでの大打撃を語る。川端はこれまで国内外の事例を中心に現場の視察や関係者へのインタビューを通してデータを収集してきた。

　日本とドイツの食農産業を事例研究の対象として，いかに異分野間連

4

携を促進させて競争力のある新規事業を創出するかについて研究分担者とともに取組むことになった川端は，大学からは県境をまたいだ出張の禁止，海外渡航禁止のなかで，全面オンライン講義への準備と実施をして，自室にこもりながら研究を進めていくしかなかった。Web 会議システムを活用し，ネットでデータ収集をして分担者と打合せをしながら進めていく。

　現場に訪問し，実際に見て理解することや人々と対面で交流することは欠かすことができないという。が，一方でコロナ禍を通して取組んだ，技術を活用した新たな研究の進め方にも大きな可能性を見出すことができた。こういったなかで川端は，ポストコロナに向けて，パンデミックで得た経験をいかに発展させていくかということが今後の課題であることを見出すことができたという。

　第2章は「パンデミックと働く「場」の変容——場の自己組織化の視点から」である。働く「場」の変化は私たちにどのような影響を与えるのか。そもそも「場」とはどのようなものか。本章は「場」とは何かを明らかにするとともに，パンデミックによって働く場の自己組織化がどのように変容したのかを定量調査から考察する。

　西川は，場とは「人と物の能動と受動が絡み合う中で間主観性と間身体性を通じて，感覚的・感情的に共有される可変的な社会的時空間」と定義する。その場において自己組織化が促されることで，さまざまな主体や客体の出入りやゆらぎがおこり，ポジティブフィードバックをしながら意味の再構成をらせん状に繰り返していく。さらに自己組織化を促す場において「共通感覚」が感じられる場であるほど，信頼感を感じやすくなると考える。

　2020年7月に東京都，愛知県，大阪府在住の20歳〜69歳の男女会社員

616人を対象として行われたインターネット調査の結果から，働く場と
パンデミックについての分析を行っている。

　働く場としての2019年のオフィスの居心地評価は女性よりも男性の方
が高く，特に管理職はオフィスの居心地が良いと感じている。これに対
して2020年の働く場としての自宅の居心地評価は男性よりも女性の方が
高く，特に60代並びに20代女性の居心地評価が高い。居心地全体評価を
目的として重回帰分析を行うと，大きく寄与する特性項目は，よい方向
に循環，安心感，風通し，行動の自由などであった。これに対して自宅
の居心地全体評価を目的として重回帰分析を行うと，全体評価に大きく
寄与する特性項目は，音が静か，よい方向に循環，安心感であった。安
心感や行動の自由度の高い自己組織化を促す場は居心地がいいというこ
とがわかった。2019年のオフィスと自宅の居心地に寄与する要因には行
動の自由，の項目が寄与していたが，2020年にはそうではない。パンデ
ミックによりオフィスでは注意喚起が高まり，行動に対する規制やコロ
ナに対する注意を注視されているのではないかと，人の目が気になり，
行動の自由が失われていった。互いを監視し，監視されるように感じる
「場」へとなっていったのではないかという。

　パンデミックによって自宅で働くということはオフィシャルな「場」
がプライベートな「場」の境界線に食い込むようになり，それによって
オフィシャルな「場」はさらに「周りの目」による監視的な「場」に変
容していったと推測できる。このようにパンデミックにおいては感染に
よる「不安や恐怖」を共通感覚として「場」の自己組織化はかなりの速
さで促進されていると西川は考える。

　新型コロナウイルスによって仕事をする「場」の居心地が悪くなった
ととらえる人は働く「場」が混乱し悪い方向に変容したと感じていて，
パンデミックが引き起こした「場」の混乱や変容に対してネガティブで

敏感である。またコロナ自体の恐怖不安というよりも自分や他人が周りに何か迷惑をかけるのではないかという，他者の目による不安が多くあった。他方，仕事をする「場」の居心地が良くなったととらえる人達は働く「場」が変容したと感じて，パンデミックが引き起こした「場」の変容に対してポジティブに捉える。この理由として，今まで当然と思っていたことがコロナウイルスによって阻害され，現状の「場」の良さやありがたさを再確認したからではないかという。

　コロナウイルスにより非日常化された「場」には大きな揺らぎがつくり出される，関係性がそれによって変容し「場」の自己組織化を促して新たな秩序を再構成する。「パンデミックの場」の自己組織化を促し，より良い「場」へと再構成するために，どのような共通感覚を持ちどのように生きていくのが良いかを積極的に再考することを西川は提言する。

　コラム2「コロナ禍における応援消費」は，東日本大震災で注目された災害時における「応援消費」という消費者行動が，新型コロナというパンデミック状況においても社会現象として生起していることを示唆したものである。津村は，日経テレコンにて「応援消費」でキーワード検索した記事を分析し，「応援消費」との結びつきが強い言葉である「生産者」や「広がる」を特定化し，これらの言葉と共起関係にある言葉から「応援消費」という支援の生起を検証している。また，コロナ禍で消費者がどのような形で「応援消費」を行なっていたかについてアンケート調査を行った結果についても言及している。

　第3章は「パンデミックと企業――デジタル・トランスフォーメーション（DX）への助走」である。パンデミックによってもたらされた経済危機のなかで生き残りをかけて新たな方向性を模索，新しいトレンド

として浮かび上がってきたデジタル技術を用いたビジネストレンドのあり方を変える方向性について論じている。中條によれば，先端を走る企業はすでにデジタル・トランスフォーメーションへの助走を始めている。

「非体験・非接触」が世の中のキャッチフレーズとなって，ビジネス社会もこの方向で動き，企業行動も大きく変える必要に迫られた。テレワークによる在宅勤務の常態化の動きを受けて「オフィスは不要なのではないか？」と問いかけられるようになる。「職住融合」という考え方も広まり，本社を地方都市に移転する動きも活発化している。出張の減少も目立ち，出張先で行われていた会議はインターネットを使ったものに置き換えられた。

パンデミックによってデジタル技術の導入が加速化しており，技術（technology）と加速（acceleration）の合成語であるテクサーレーション（tech-celeration）という語も生み出されているという。電子メール・電子契約・電子決済・クラウドサービスといったデジタルツールの活用がコロナ禍でビジネスを行う上での必須のツールとなったネット通販の拡大，インターネットで生放送のライブ動画を配信して販売に結びつけるライブコマース，料理の宅配などeコマースが隆盛を極めている。有料ストリーミング・サービスやオンラインによる医療提供サービスも開始されて，海外では薬が処方された場合はアマゾンの物流で最短2時間後には薬が届く仕組みになっている。またAI（人工知能）の活用も盛んで，配送業界，オンデマンド交通，診療支援などにおいて活躍している。ロボットやドローンの利用が拡大していて，アメリカではドローン委託品の玄関先までの配送が開始，日本でも「空からの無人配達」の流れに向けて日本郵便やヤマト運輸が実証実験を始めている。

経済のデジタル化の流れはコロナ・パンデミックによって加速されていて，コロナ後のビジネスはリアルからデジタルへ，「デジタルファー

8

スト」の世界へと移行しているとの見解が示される。デジタル化を手段ではなく前提と考えるべきであり，日本は他の国から水をあけられていることを自覚する必要があると考える。さらにこのデジタル化と「働き方改革」は一体となっているものであることが主張される。アフターコロナのキーワードはレジリエンス（resilience）回復力で，デジタル化の進展した社会に適応することが必要とされる。テクノロジーによって「ミラーワールド」がつくられたことや，「VRオンライン研修センター」システムなどの例が紹介される。パンデミックによって人類の生存の危機が現実であり，「持続可能な社会の実現」という目標が人類が直面している喫緊の課題であることを実感させたのである。パンデミックとは新自由主義の行き過ぎに対する反省が広がる中で「社会問題解決」や「社会貢献」の発想を根底にする企業活動に舵を切るきっかけを与えた。「働き方改革」の掛け声だけでは実現不可能な日本人のメンタルを劇的に変化させて，企業の制度改革へと短時間で導いたことを中條は強調する。

　「茹でガエル」とは「失われた30年」という現実を目にする日本の姿で，コロナショックはこれに熱湯を浴びせかけて世界のデジタル化の流れへの対応を求めることになった。コロナ危機を契機としてデジタル・トランスフォーメーションの方向に舵を切り，俊敏な適応力を見せることでしか明るい未来は見通せないと中條は結ぶ。

　コラム3「パンデミックと飲食業」は新型コロナウイルスの感染拡大によるパンデミックは，日本経済に大きな影響を与えたなかで，2020年に過去最多の842件，2021年も多くの飲食店が倒産に追い込まれている。その一方で，新型コロナウイルスの感染拡大の状況下でも，工夫をこらしながら業績を回復させている企業の一つとして，名古屋市で複数のうなぎ専門店（ひつまぶし店）を展開している「しら河」を紹介する。創業

店舗である料亭大森の閉店は，しら河にとって苦渋の決断であったが，閉店の決断をし，料亭大森の閉店をバネに将来は大きく飛躍することを齊藤は期待する。

　第4章は「パンデミックと自己の変容——リスク／偶然性と再帰性」である。新型コロナウイルス感染下の社会における，新型コロナウイルスへの不安やリスク，感染症対策の徹底化による「苦しさ」にからめとられながらも，人々がどのように自らの生活あるいは別様につくり出してきたのかを，インタビュー調査で得られた知見をもとに考察する。

　ベックやギデンズの社会学的なリスク論を踏まえたうえで「小さな歴史」が検討される。牛膓と小田中は，ベックの感覚的知覚不可能性や未来予測の不確実性，ギデンズの存在論的安心感と不確実な未来を「植民地化」することなどを先行研究としてサーベイしたうえで，これらの変化に限らない個々人の変化のありようを検討していこうとする。

　7人の20代30代の男女7人を対象として，コロナ禍で不安に思ったこと，以前の自分とのずれ，周りの人との違和感，コロナ禍で印象に残っている出来事やそれによってかわったものなどについて，インタビューを行っている。この結果，「得体の知れないもの」「どういうものかわからない」非知なものとしての新型コロナウイルスがとらえられていることがわかる。当たり前が喪失していくこと，そういったなかで，新たな当たり前や自己の再構築がなされていくことが語られる。

　コロナ禍はたまたま降りかかるもので，この偶然性という観点からリスクを考えるにあたってラッシュは二つの立場を示している。一つはギデンズのように偶然性をカオスとみなし最小化あるいは無化しようとする立場である。もう一つはカオスや偶然性を肯定し，既存の枠組みの方を動揺させ再編成させる契機とみなす立場である。ラッシュは「再帰的

10

に判断する動物としてリスクとともに生き，フォルトゥナを喜んで受け入れる」という論点を展開し，偶然性の自己への再帰的な付き返しに対して運命を賭ける態度で臨むような個々人の生活上・ライフコース上の価値を追求する行為者像が提出される。ラッシュの偶然性の議論は偶然性との遭遇のなかに自己を変容させる再帰性を見出す。価値の問い直しの契機となるのは偶然性のできごとであり，運命は価値の変容との相関においてとらえられる。偶然性との邂逅を契機とした再帰的な自己の価値の変容を見てとることができる。

「小さな歴史」は，新型コロナウイルスが蔓延し，感染症対策が徹底化した社会のなかで，これまでの「当たり前」に依拠しえない不安，思いもよらない偶然性を経験した。人々はたまたま降りかかる偶然性や運命に自らを投げ込む態度やふるまいをとおして再帰的に自己の変容を成し遂げていた。ギデンズにおいては知識が，ラッシュにおいては価値が，その自己の再帰的な変容をしていくのである。人々は「より多くの生」を偶然性の前に賭けている。

人と人，人と社会との切断を馴致させる言説によって「当たり前」が切り崩されることになり，立ち止まって決断・選択する必要に迫られる。それは危機意識の差として現れ，自分らしさともつながる生き方に昇華される。隣あわせでありつつ不確実で，非知の状況での決断・選択を強いるものであり，一種の賭けにみられる決断・選択がコロナ禍というリスク社会に見られたのではないかと牛膓と小田中は結ぶ。

コラム4「パンデミックとノーマルアクシデント理論」ではパンデミックの原因を考えるヒントとして，組織事故研究において古くから主張されているノーマルアクシデント理論を紹介する。組織事故研究では，特定のヒューマンエラーが組織全体に大きな影響を与え，結果として大事

故につながるメカニズムが研究されている。複雑な相互作用とシステムの構成要素が強固に連結されているタイト・カップリングによって，特定の部分で発生したヒューマンエラーは大事故につながる。「システムにおける事故の原因はシステムそのものである」という指摘によって，深刻なジレンマに陥ることになるが，このようなシステムの中で我々は存在していることを理解し，内省する必要があることをノーマルアクシデント理論，そして，新型コロナウイルスによるパンデミックは示唆していると谷口は述べる。

　コラム5「Covid-19パンデミックのグローバルな影響」は，コロナ・パンデミックの影響を分析するためのフレームワークを提供するものである。ハリスは，パンデミックが地球規模でもたらした影響を3つの側面から分析する必要性を主張する。3つの側面とは，経済的影響・心理的影響・社会政治的影響である。第一の経済的影響は，パンデミックによりもたらされた経済損失，例えば倒産や失業といった側面である。第二の心理的影響は，コロナウイルスに対する不安から始まり，ロックダウンや各種の制約による孤立感や孤独感，さらに通常の社会的交流の欠如による精神的落ち込みといった側面である。第三の社会政治的影響は，国や地域によって程度の差は認められるものの，顕著な広範囲にわたる兆候としての社会的結束の断裂であり，権威に対する信頼の減少といった側面である。

　2019年12月から2021年12月まで，2年余り世界はコロナウイルスによるパンデミックに翻弄されてきた。新型コロナウイルスはあちらこちらで何度も変異を繰り返して，波が過ぎ去ってこれで開放されるのかという淡い期待は何度も裏切られ続けてきた。2021年12月にオミクロン株が

南アフリカから瞬く間に世界中で広がり，すさまじい感染力を示して，一早く水際対策をとった日本においても急速に市中感染が広がっている。

　本文においてもいくつかの章で論じられていたが，パンデミックはさまざまな側面で驚くべき変化をもたらしたが，これに対してはしばしば同時に肯定的な解釈と否定的な解釈の両方が垣間見られた。究極の状況があらためて何もなければ気づかずに見過ごしていた私たちの日常の在り方をあぶりだし，かつ変容させたとでもいおうか。

　2022年1月1日のウィーンフィルハーモニー管弦楽団のニューイヤーコンサートにおいて，指揮者レナード・バーンスタインは，2021年に無観客で実施されたニューイヤーコンサートを振り返って，今日のコンサートは世界中の人が集いあうことができた，記念すべきコンサートであると語った。そしてアンコール曲の最後の定番「ラデッキー行進曲」を満員の会場からの手拍子で締めくくっていた（NHK Eテレ, 2022.1.1）。

　2022年が私たちの世界のパンデミック以前の世界からの新たな旅立ちとなることを祈っている。

第1章 パンデミックがもたらしたパラダイム転換
——再帰性の観点から

中西眞知子

1 はじめに

　グローバリゼーションは現代社会にさまざまな影響を及ぼしてきた。最近グローバリゼーションによって現代社会が脅かされることになった最大のできごととして，新型コロナウイルスによるパンデミックをあげることができるであろう。

　2019年末に中国武漢に始まった新型コロナウイルス感染症（covid‒19）は，中国など東アジアからヨーロッパやアメリカへと急速な勢いで広がり，ブラジルなど南極まで含めて南半球へも広がっている。世界保健機関（WHO）は2020年3月11日，パンデミック（世界的な大流行）と表明した。

　2021年に入ってからはワクチンの効果もあって，一度は小休止したかに見えたが，アルファ（α）株，ベータ（β）株，ガンマ（γ）株，デルタ（δ）株，ラムダ（γ）株，さらにミウ（μ）株，イータ（η）株，オミクロン（o）株など，英国，インド，南アフリカ，南米など各地で次々に変異種が現れている。2021年12月末までに，世界で2億8000万人以上が感染して，540万人以上が死亡した。日本では170万人以上が感染して，1万8000人以上が死亡している。

　今回の新型コロナウイルスは，深い森の中でこうもりと共生していた

と考えられるウイルスである。石弘之［2018］によれば，森林の大規模な破壊や集落の急激な膨張で住処を失った野生動物が，人間の生活圏にも出没するようになり，これが大都市にまで及ぶ。人の定住化や，農業の発達などによって感染が広がる。「病気の多くは環境の変化が招きよせたもの」であり，革命がコレラと結核を引き起こし，戦争が感染症を蔓延させた。シルクロードは西から東へ天然痘，麻疹を運び，東から西へはペストを運んだ。さらに近年では，1999年にアフリカの風土病西ナイル熱がニューヨークで流行した。また，2002年にSARSが，中国広東省深圳から，山西省，トロント，シンガポール，ハノイ，香港，台湾へと広がり，2012年から，サウジアラビア，カタール，チュニジアなどの中東でMERSが発生して英国やフランスでも感染者が出た。石によれば，「移動手段が，徒歩，帆船，汽船，鉄道，自動車，飛行機へと発達するにつれて，これまでにない速度と規模で人と物が移動できるようになり」「便乗した病原体も短時間で遠距離を運ばれる」ことになる［石2018］。石によれば，以前から新しいウイルスの中国やアフリカからの出現は危惧されていたという。

　全世界に及んだパンデミックは，急速なグローバリゼーションがもたらしたもののひとつと考えられよう。これほどまでにグローバリゼーションが進展していなければ，新型コロナウイルスも，中国武漢地方だけのローカルな新型肺炎にとどまったかもしれない。

　パンデミックは，私たちの社会に予想もしなかった大きな衝撃と変化をもたらした。これは一時的な変化で，それ以前の社会に戻るということではなく，以後の社会が大きく変革するひとつのパラダイムの転換を起こすのではないだろうか。

　本章においては，新型コロナウイルスによるパンデミックのもたらした社会の変化をたどり，パンデミック以後の思考や生活にどのようなパ

ラダイム転換をもたらすのか，再帰性（reflexivity）[1]の観点から考えていこう。

2　日本における新型コロナウイルスによるパンデミック

　日本では2020年1月中旬に新型コロナウイルスのことが伝わり，中国からの観光客を乗せたバス運転手やガイドなどの感染が明らかになり，その後，横浜沖のクルーズ船ダイヤモンド・プリンセス号で感染が次々に広がっていることが大きな話題になっていった。

　ここで2021年9月までの日本における経緯をたどっておこう（Yahooニュース）。

　2020年1月16日日本で初の感染者の確認が発表され，2月13日には初の死者が出た。とりわけ3月下旬から感染者が急増し，3月27日には全国の新規陽性者が初めて100人を超えた。これが第一波である。ライブハウス，病院などでクラスター感染が広がり2020年2月末には政府は小・中・高校の休校を決定，時差通勤やテレワークなどを呼びかけた。東京，大阪などの都市部で感染者が増加しているため，4月7日から東京，大阪など7都府県に第1回の緊急事態宣言が発せられた。人と人との接触機会を「最低7割，極力8割」削減する目標が掲げられ，幅広い業種に休業要請が出され，生活必需品を取り扱う店を除いて，飲食店やスポーツジム，ライブハウスなどが対象になった。イベントについても，中止や延期などの対応が主催者に求められた。結果，緊急事態宣言は順次解除され，5月25日，残る東京など首都圏1都3県と北海道の解除，すべての都道府県の緊急事態宣言が終了した。

　第二波は新規陽性者は6月下旬に再び100人を超え，7月から8月にかけて第一波を上回る感染者数となった。接待を伴う飲食店など繁華街

での感染例が多く報告され，そこから全国に感染が広がっていったこと
が指摘された。当初は若い世代の感染者が多いのが特徴だったが，東京
など都市部で感染が拡大するにつれて，中高年層へも感染が広がってい
った。感染経路も会食や飲み会が目立つ。7月22日には，政府が観光支
援事業 Go To トラベルをスタートさせた。東京では1日の感染者数が
200人から300人という高い水準で出ていたこともあり，東京都発着の旅
行は当初，対象から除外されていたが10月から追加された。第二波では
緊急事態宣言を発出せず，感染が広がった自治体が酒類を提供する飲食
店やカラオケ店への営業時間の短縮要請を行った。

　感染者は11月上旬から再び全国で増加し始め，第三波に突入する。こ
れまでより幅広い地域や年代層に感染が広がっていった。東京都では，
家庭内感染の割合が大幅に増えた。年齢層も中高年，特に重症化リスク
の高い高齢者の感染が数，比率ともに増加した。それにより，重症者が
第一波，第二波よりはるかに多くなった。11月18日には新規陽性者が全
国で初めて2000人を超え，過去最多になる。12月31日には全国で4533人，
東京都でも1353人といずれも最多を更新した。Go To トラベルも12月28
日に全国で停止することになる。第三波では，クリスマスや忘年会，新
年会といった年末年始の恒例行事や帰省が感染の急拡大につながった。
新規陽性者数は一気に増えた。東京都では1月7日に2520人を記録。全
国でも1月8日に7955人と過去最多となる。政府は1月8日から第2回
緊急事態宣言を発出した。当初は首都圏の1都3県が対象だったが拡大
し，大阪，愛知，福岡など計11都府県まで広がった。第2緊急事態宣言
では，感染リスクが高いとされる飲食の機会を感染拡大の急所と捉えて，
飲食店などへの時短要請に絞った対策をとった。第2緊急事態宣言は3
月21日に解除された。

　第四波は大阪府や兵庫県では3月下旬から感染者が急激に増え始めた

ところに始まる。4月3日には大阪府で新規の報告者数が666人に上り，過去最多となった。政府はここで「蔓延防止等重点措置」を発する。4月5日から大阪，兵庫，宮城の3府県に初めて適用。12日からは東京，京都，沖縄の3都府県が，20日からは千葉，埼玉，神奈川の首都圏3県と愛知県が追加された。それでも感染拡大に歯止めはかからず，大阪では4月13日に1099人の新規陽性者が出て初めて1000人を超えると，その後も1000人を超す日が続く。関西で急激に広がった大きな要因は「変異ウイルス」で感染の主体は，英国で見つかった変異ウイルス（アルファ株）であり，従来型ウイルスよりも感染力が強いとされた。関西では，従来株からこのアルファ株への置き換わりが急速に進行した。第四波では，大阪の感染者数が東京を上回っていた。大阪府では4月28日と5月1日に1260人を記録し，過去最多を更新した。政府は4月25日から，第3回緊急事態宣言を東京，大阪，兵庫，京都の4都府県に発出した。ゴールデンウィークを見据えたこの宣言は，飲食店での酒類提供を禁じるなど前回よりも強い措置が盛り込まれ，飲食店には午後8時までの時短営業を求めたほか，酒類やカラオケを提供する飲食店には休業を要請した。さらに大型商業施設にも休業を要請し，大規模イベントは原則無観客で行うことを主催者に求めた。緊急事態宣言は結局，計10都道府県まで拡大して期間も延長され，6月20日に沖縄県を除いて解除された。

　東京都では，6月21日から宣言に準じた重点措置に切り替えられた。飲食店に午後8時までの時短営業を要請し，酒類提供については一定の要件を満たした店のみ午後7時まで認められることになった。しかし東京の新規陽性者は500人前後の高止まりで，7月に入るとじわじわと増加に転じ，再び1000人に迫るようになった。第五波である。政府は7月12日から東京都に第4回緊急事態宣言を出した。宣言期間は沖縄県も含めて8月22日までで，五輪期間がまるまる緊急事態宣言下となる。打ち

出された対策は，第3回の宣言の後半の内容を踏襲し，酒類やカラオケを提供する飲食店には再び休業要請がなされたほか，それ以外の飲食店や大型商業施設には午後8時までの時短営業が求められた。大規模イベントは引き続き，上限5000人かつ収容率50％以下での開催要請が維持された。8月20日には2万5871人と過去最多を更新。爆発的な感染となり，各地で過去最多が更新された。第五波がこれほど急激に拡大したのは，アルファ株以上に感染力が強いとされるインド由来の「デルタ株の猛威」の影響が指摘される。専門家によると，デルタ株は従来より2倍，アルファ株より1.5倍程度，感染力が強い。感染の急拡大が続く影響で，東京を中心とした都市部の医療が危機的な状況に陥った。8月20日の都のモニタリング会議は，通常医療や救急医療にも影響が出ていると警告した。緊急事態宣言の対象地域は27日から北海道や広島など8道県が追加され，計21都道府県まで拡大して，期限は9月末日までとなった。ワクチン接種率が大きく増加したことも功を奏して，感染者が急激に減少傾向にあり，9月末には緊急事態宣言も蔓延延防止等重点措置も全面的に解除した。10月1日から営業時間を延長し，酒類の販売を始めた飲食店も少なくない。ようやく解放された気分が街にも広がった。

　しかし11月に入って，南アフリカ由来とされる新しい変異株が広がり，世界保健機関（WHO）が新型コロナウイルスの新変異株「オミクロン株」を11月26日に「懸念される変異株」に指定した。感染力が強く，世界各地で新規感染者数を押し上げる一方で，重症化リスクは低いとされ，死者数は抑えられている。行動制限をめぐる各国の対応には違いが出ている。WHOによると，オミクロン株の感染確認は12月22日時点で110カ国・地域に急拡大した。一方，世界初の感染例を11月24日に報告した南アフリカでは新規感染者が減少に転じ，既に感染のピークを越えたとの見方も出ている。WHOは「オミクロン株の感染者は2～3日で倍増し

ており，強い感染力を持つ」としている。一方，感染者が入院するリスクについては，英インペリアル・カレッジ・ロンドンがデルタ株と比べて「40〜45％低下した」と報告した。ドイツの公衆衛生研究機関，ロベルト・コッホ研究所は22日，オミクロン株にはワクチンの追加接種が有効だと説明した。オミクロン株の感染急拡大を受け，各国は行動制限の強化に乗り出している。

　日本においてはオミクロン株対応の水際対策措置として，すべての国・地域からの外国人の新規入国を禁止するという措置をとった。これについて「外国人と日本人という国籍によってウイルスに違いがあるのか」という批判もなされている。12月には日本でも，海外から入国した人やその濃厚接触者だけでなく，街なかでの人から人への感染と考えられる市中感染の例が確認され，政府は，水際対策の強化や都市部での無料検査の実施などを発表している。

　英国ではデヴィ・シュタダールによれば，いち早くワクチンに力を入れ，その開発，製造，購入，流通などに1.7兆円を投入している。ワクチン接種が世界に先んじた英国では，人口の93％がすでに抗体を持つといわれている。ジョンソン首相は7月19日に「今やらなくて，いつやる」と「壮大な実験」ともいわれる「フリーダムデイ」を宣言した。観客を入れたサッカーの試合が行われたが，この試合では3000人以上の感染者が出たという。英国では電子カルテの充実がワクチンの効率的な接種に功を奏した。80代以上には郵送で通知，それ以下にはオンラインで職場の近くで場所や時間を選択可能にして移動式バス，ショッピングモールなどでの接種も行った。接種追跡アプリによって一時は100万人が濃厚接触者として10日間の自主隔離者となって，そのために社会機能に支障をきたす「ピンデミック」[2]も発生したという。このためしばらく携帯からこのアプリを削除するケースが続出したという。一方，自宅で無料で

30分で感染の有無を調べることができる簡易検査キットが導入された。このおかげで観客を入れて開催したウィンブルドン・テニスでは感染クラスターが発生しなかったそうだ［文藝春秋 2021］。

　東京オリンピック，パラリンピックは1年延期されて，オリンピックが2021年7月23日からパラリンピックが8月24日からほとんどの会場において無観客で開催された。変異ウイルスの蔓延などに対する懸念から，日本でも世界でもオリンピック開催に反対の声が上がった。さらにコロナ禍に加えて，JOC委員から女性差別，障がい者差別，ユダヤ人差別などによって3人の辞職が相次ぎ，「呪われたオリンピック」という声もあった。南ドイツ新聞は，東京オリンピックについて，「課題に十分対処しない日本の姿勢を露呈する。その姿勢は日常の中では気づかれないものだ」［Sueddeutsche-Zeitung 2021.7.24］と報道している。

　大阪府では5月に自宅療養者が1万5千人を超え重症病床の使用率が100％に達した。救急車を呼んでも受け入れ病院が見つからないというケースも少なくなかった。この第四波による苦い経験から，その後2000床だった病床数を3100と病床を増加して，自宅療養者に対する抗体カクテル療法なども試みている。一方東京都では，この大阪府の教訓を生かせず，3月末に6000床だった病床数が8月に6400にとどまった。病床に余裕がなくなり，第五波において自宅療養者の死亡が急増した［朝日新聞 2011.9.25］。

　第一波から第五波まで日本におけるパンデミックの状況を追っていった。パンデミック下のオリンピック，パラリンピックの実施によって当たり前の日常では気づかれない日本の姿勢が明るみに出された。また，各自治体のパンデミックへの対応が非常に重要なものとなり，自治体によって対応が異なることで，そのリーダーシップが問われた。これまでの日常においては見過ごされ，気づかれていなかった問題で，パンデミ

ックによってあぶりだされることになった事柄は少なくない。

3　パンデミックが社会にもたらしたもの

　パンデミックが社会にもたらした大きなものとして，まず経済状況の悪化がある。全世界の株価の低迷と連動して，日経平均も大きく低下した。観光産業の痛手は大きく，航空業界，バス業界，ホテル旅館など，従業員の一時休暇を促がした企業もある。商店もインバウンドの顧客減が大きく響いて，売り上げは激減している。

　また政府の呼びかけなどによりさまざまなイベントが自粛され，劇場やレジャー施設など閉館を余儀なくされている。日本では3月に迎えることの多い大学の卒業式も4月の入学式や入社式も中止になっている。スポーツでは無観客試合や無観客相撲が実施され，宴会などの私的な催しも自粛ムードが広がるなかで飲食業の顧客も激減している。

　いっぽうで，テレワークなどにより，これまでかけ声に過ぎなかった働き方改革が進み，トップの指示で無駄な会議の時間が大幅に短縮された。押印の見直しなど，従来の慣習を変えて，より非対面，インターネット化，ペーパーレス化が進む。2020年度はほとんどすべての学校が休校やオンライン授業となった。筆者もそうだが，慣れない各大学のシステム，ナレーションやZOOMに四苦八苦した。が，オンライン授業以外の選択肢はなかった。日本全国で一気にテレワークやオンラインビジネス，オンライン授業が普及し，一般企業が売り上げを減少させるなかで，プラットフォーム企業は売り上げを増加させている。スーパーでは現金ではなくクレジットカードを自分で差し込む方式が推奨される。またビッグデータを用いて都市の集客度を計測する試みや，感染クラスターの追跡なども行われている。人と人との接触を避けるには，バーチャ

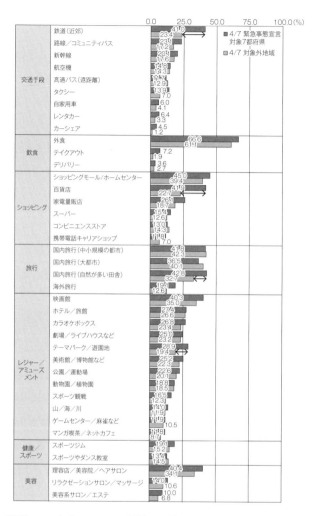

図1-1　新型コロナウイルスの影響で利用が減った増えたサービス・行動
（2020. 4. 7）

ベース：全回答者（全国15〜79歳男女）
サンプルサイズ：n＝823
新型コロナウィルス流行の関係で，利用頻度が減ったもの／利用しなくなったもの／利用できないもの（複数
回答）
出典：インテージ.

凡例：■ 4/7 緊急事態宣言対象7都府県　■ 4/7 対象外地域

（%）　0.0　10.0　20.0　30.0

カテゴリ	項目	4/7 緊急事態宣言対象7都府県	4/7 対象外地域
インターネット利用（プライベート）	動画閲覧	8.2	7.6
	ネットショッピング	8.1	4.7
	SNS利用	4.1	2.9
インターネット利用（仕事や学習）	動画閲覧	6.9	5.3
	WEB会議	5.7	4.6
	社内でのチャットコミュニケーション	4.2	2.5
	アプリでの学習	1.6	1.1
	転職情報サイトの利用	0.7	0.1
屋内での過ごし方	テレビ視聴	10.1	4.5
	料理／お菓子づくり	9.2	4.1
	家の掃除／メンテナンス	8.8	3.5
	読書	5.5	2.7
	スマホゲーム	4.5	2.4
	家庭用ゲーム	4.0	2.4
	音楽鑑賞／DVD鑑賞	2.4	3.0
住まい	家の購入／賃貸	0.1	
	引っ越し		
	リフォーム		
車・スマホ・家電など	スマートフォン／タブレットの購入	0.4	
	家電の購入	0.2	
	フィットネス器具の購入	0.1	
	車の購入		
映像・ゲーム・書籍	有料動画配信サービスへの加入	2.9	2.3
	家庭用ゲームソフトの購入	2.0	1.1
	DVDの購入／レンタル	1.7	0.9
	書籍（電子書籍以外）の購入	0.9	1.1
	電子書籍の購入	1.7	0.4
	動画コンテンツの購入	1.2	
	家庭用ゲーム機器の購入	0.8	0.5
	スマホゲームの購入／課金	0.1	0.3
	身の回り品／嗜好品の購入	1.9	1.7
その他サービス	子どもの学習教材の購入	1.5	1.7
	結婚式／葬儀等の開催		
	転職活動における人材会社等サービス		

図1-2　新型コロナウイルスの影響で利用が増えたサービス・行動 (2020.4.7)

ベース：全回答者（全国15〜79歳男女）
サンプルサイズ：4/7 緊急事態宣言対象7都府県　371，4/7 対象外地域　452
新型コロナウイルス流行の関係で，頻度・機会が増えたもの（複数回答）
出典：インテージ．

ル空間の活用が効果的なので，グローバルな情報技術を使い，グローバルな標準に合わせようとしている。日本でも2021年10月にはデジタル庁が発足した。

　混雑緩和のために時差通勤も推奨され，ラッシュ時でもゆっくり座って通勤できるようになった。勤労者は子供も含めて自宅で過ごす時間が増えたので，家庭や地域でゆっくり過ごすことに関心が向き始めている。2020年4月のインテージ調査によれば，外食やショッピングなどさまざまな活動が減少し，特定地域に指定された首都圏と阪神地域では，鉄道の利用，百貨店の利用などが大きく減少，これに対して，TV視聴時間や料理やお菓子作り，掃除等の時間が大きく増加している（図1-1，1-2参照）。パスタ類や粉やバターなどのお菓子の材料，掃除用品費が伸びて，「巣ごもり消費」と表現されるようになっている。

　大阪郊外のT肉屋系スーパーの店主の話ではパンデミックの影響で「とても忙しい」と，うれしい悲鳴を上げ，「ご主人が外で飲まずにテレワークの後，うちで夕食をとって晩酌するので，単価の高いものが売れる」とほくほく顔だ。反面「小麦粉や片栗粉が品切れで入荷しない」という。この店は2020年に大きく改装して，自家製の惣菜や弁当の売り場を新設した。パンデミック以前，夕方には390円のサービスパックを作って何とか売り切っていた豆腐屋も「毎日夕方にはきれいに売り切れる」と笑顔であった。

　また，最初に緊急事態宣言が発された東京，大阪などを中心にして，国と比較すると自治体の現実に即した素早い反応に住民の期待が集まり，地方分権がさらに進むことが予想される。緊急事態宣言からの出口を数値によって示す大阪モデルの提示や各施設の滞在者がそこのQRコードを読み込むことで，感染が起きた時に連絡を受けクラスターを追うことができるシステムの提案が論議の的となった。

　人々が外出を控え企業が休業する中で，地球環境は良化して，2020年
4月初旬までのCO₂排出量は2019年の4月初旬までと比較して17%減
少して，地球温暖化はその度合いを緩めているという［Nature climate
change, 2020］。

　また，ヴェネツィアではかつて14世紀のペスト蔓延期に予防のために
医者がつけた薬草入りの仮面に由来するという仮面をつけるカーニヴァ
ルが2020年2月に始まっていた。しかし，パンデミックによって，途中
でカーニヴァルを中止することになり，その後の都市封鎖によって観光
客が激減したという［NHKBS 2020年5月24日］。一方でヴェネツィアは，
これによって本来の美しい海を取り戻すことになった。

　日本においても海外からの観光客が激減している。観光業者や宿泊業
社の嘆きをよそに，一時期多くの観光客による喧噪や荒廃が問題視され
ていた京都は，本来の静けさと美しさを取り戻している。

　グローバリゼーションが進み，商品や情報にあふれた現代社会におい
て，歴史的な遺産や自然環境も含めて，何が最も大切なことなのか，も
のごとの本来の優先順位を考えるようになってきている。家庭の近くの
生活圏のローカルなものが価値を高め，地方分権化が注目を集めている。

4　日本社会における再帰性とパンデミック

　パンデミックによって再帰的近代化はどのように働くか，日本の再帰
性を中心に考えてみよう。

　ラッシュとアーリは，1980年代に，組織的な資本主義社会が終焉して，
時間と空間の経済的再編や文化の変化を伴った現代資本主義社会となる
ことを示唆している［Lash and Urry 1987：21］。ラッシュによれば，自
己再帰性はそういった近代化の過程に内在するもので，再帰的近代化と

は構造に対して行為者の保持する力が増大していくことである［Lash 1994：110-173=1997：203-315］。彼らによれば，グローバルな問題を生み出して，その帰結をモニタリングして解決の方法を発展させていくために，人間自身がますます再帰的になりつつある［Lash and Urry 1994：1-11=2018：1-9］。

　ラッシュは1990年代にウルリッヒ・ベックやアンソニー・ギデンズと再帰的近代化に関する論争を行って，彼らの西欧合理的な認知的再帰性だけでは，現代資本主義社会を論じていくためには不十分であることを示す。情報コミュニケーション構造を通して流れるものが，概念的象徴だけではなく，概念以外の模倣的（mimesis）象徴でもあることに着目して，美的再帰性が美的批判を展開するための仮想的ならびに現実的な空間を切り開くという。また後期近代の共同体回帰の基盤を解明するために，共有された意味に基づく解釈学的再帰性を提唱する。ラッシュは，美的再帰性や解釈学的再帰性へとベックやギデンズの認知的で制度的な再帰性概念を拡張することを提唱するのである［Lash 1994：110-173=1997：203-315］。

　さらにグローバルな情報社会において，ラッシュは，意味の形成とはインターネットなどを通じたコミュニケーションになることを示し，知が行動に結びついて相互反映する「現象学的再帰性」に着目する［Lash 2002=2006］。現象学的再帰性とは，知が活動や表現に再帰されて，それらにおいて具現するもので，両者の間には距離がなくなる。

　ラッシュとアーリはまた，経済活動の「再帰的蓄積」に注目していて，文化資本や情報能力が蓄積されると考え，日本，独，英米の再帰性と伝統や文化との関連性を比較して，各々論じている［Beck, et al. 1994：119-127=1997：221-234, Lash and Urry 1994：60-110=2018：45-100］。ドイツでは実践的再帰性，英米では言説的再帰性が働く。彼らは，西欧の再帰性

が個人化とともに育つのに対して，日本では集合的なものを含意することを示している。ラッシュらによれば，日本型システムは集合的再帰性を含む。西欧の再帰性が個人化とともに育つのに対して，日本では集合的なものとなる。日本社会は情報構造及びインセンティブ構造の間の強いつながりによって特徴づけられる。日本では生産ユニット間の相互作用も再帰性を含んでいる。また財政的相互作用も再帰性を含み，日本型システムにおいて銀行は情報のヒエラルヒー構造の頂点にあり，企業の情報構造に組み込まれている。金融契約は日本型生産システムの「集合的再帰性」の要ともいえる。日本固有の再帰的近代化モデルとは，企業と労働者，サプライヤーと金融契約者の間で情報，およびリスクが共有されるという意味で集合的なのであるといわれる。日本型生産システムは雇用，金融，企業間の契約事項においてその情報システムを拡張させる。日本においては生産システムと情報構造が同じ広がりを有していて，手段の集合化・水平化・拡張化が多くの情報価値を生み出している。このように，集合的再帰性が日本の多くの場所でみられる成功をおさめた経済的形態を生み出したということが指摘される。日本の再帰的近代化は，集合的再帰性が働き，情報やリスクを企業と従業員，供給者と契約者が分担するという集合的なもので，関係的で協調的な情報管理が再帰的生産を促進し，経済的成功を生じさせたという。

　ラッシュらが指摘するように，日本においては「空気を読む」「無言でも伝わる」と表現されるようにいつも集合的再帰性や解釈学的再帰性が働いている。伊藤陽一によれば，空気とは個人に特定の行動を促したり思いとどませたりする圧力を持った雰囲気である［伊藤 2013］。空気は二人の人間の間から小集団，国全体のレベルまで存在して人々に社会的圧力として作用する。空気の支配の危険性を指摘し，これに「水を差す」ことの必要性を説く声もある［山本七平 1983］。

　厚東洋輔によれば，西欧では社会を表す society も community も，ともにラテン語に由来する概念であり，生活世界を記述する日常言語として導入された。近代において，社会は，自然によって与えられたのではなく，人間によって作られたものとみなされ，近代の社会認識の原点をなすのは，「社会」より価値的に優れた「個人」となる。これに対して，わが国においては，伝統文化において，仏教用語としての「世間」と日常言語としての「世の中」があった。新たに，明治時代になって「社会」という語が導入された。厚東によれば「社会」と「世間」は，近代日本の二重性に照応する。「社会」とは，人々が教育を「資本」に立身出世を競い合う「開かれた」世界で，「世間」とは，分に応じた生活が営まれる場であり，「頭」ではなしに「身体」を通して伝えられ，新しいものの習得より古いものの繰り返しが，個体の突出ではなく共同性への埋没が称揚された。厚東は「社会」がフォーマルな行為空間であるとすれば，「世間」は日常的なインフォーマルな空間で，「社会」が主体によって前提としてイメージされにくかったという［厚東 1991］。わが国においては，西欧近代化とともにやってきた「社会」と，伝統的な「世間」が共存するという独特の社会を形成し，「個人」が確立しないままに，近代化が進展したことによって，西欧とは異なる個人と社会のあり方が形成される。

　このような日本社会では，欧米の都市封鎖のように命令されずに，緊急事態宣言を出して「要請」や「自粛」を促すことで外出の頻度が減じる。自粛であっても，その空気によって私的な宴会まで中止する事態や自警団まで出現することになる。この意味では日本の集合的再帰性とは個人の再帰性を阻害するところにまで及ぶといっていいだろう。

　いっぽうで，時差出勤やテレワークなどによって働き方改革が大きく前進する。仕事中心だった勤め人が家庭や地域に向き合うことになる。

一度そちらへかじ取りが行われると，日本ではそれが集合的に広がって
いく。パンデミックを契機として日本社会において経済効率の偏重によ
って失われていた本来の人間的な生活形式を取り戻すことが集合的に広
がるもしれない。

　さらに，ラッシュは自然に対する解釈学的感受性とは，西欧の自然を
客観ととらえる主観対客観の伝統主義的理念型よりも，日本の自然に対
する主観対主観の理解に近いという［Beck, et al. 1994 : 210-211＝1997 : 382］。
対自然観においても，日本の再帰性の特徴が現れているというのである。

　「見えない何かに襲われる」［島崎晋 2020］と表現されるパンデミック
である。また，今の新型コロナウイルスによるパンデミックの危険が去
っても，また別のパンデミックがいつでも起こりうることは十分考えら
れる。日本では自然に対して畏怖の考え方が根強く，伝統的に「地震，
雷，火事，おやじ」と怖いものの順位付けされているが，パンデミック
も地震と同様に上位に入るのではないだろうか。西欧のように自然と対
峙し，それを人間が支配するような自然観とは異なり，自然を主観対主
観として解釈することのできるわれわれは，ウイルスに対しても自然の
一つとしてそれらと共生していくと考え方になじみやすいのではないだ
ろうか。

　日本特有の集合的再帰性の働きによって集団を重視する人々の行動や，
人間の力を超える自然を畏怖し，主観対主観の関係性を築く日本人の自
然観などの考え方が，今回の新型コロナウイルスによるパンデミックに
おいても，西欧社会とは異なった行動の仕方の土台となっているのでは
ないだろうか。

5 「ペスト」や「スペイン風邪」などの歴史を振り返って

2020年には，カミュの『ペスト』が品切れになるくらいよく売れたという。

島崎によれば，ペストのパンデミックは世界史上3回起きている［島崎 2020］。

最古の例は541年からの約60年で，東アフリカ内陸部を発源地としてコンスタンティノープル（現イスタンブール）に上陸して被害は西ヨーロッパ内陸部やアイルランドにも及んだ。6世紀末には地中海世界全体が疲弊して人々は内陸部が北海沿岸に移動，これが英国，フランス，オランダなどの成長に結びつく。島崎は，世界最古のパンデミックがヨーロッパ全体に地殻変動をもたらしたという。

1347-52年に流行したペストは「黒死病」とよばれる。この発源地は中国南部か中央アジアで，コンスタンティノープルやメッシーナで大流行して，これが1337年に始まる英仏百年戦争も9年間休戦させた。「黒死病は神の意志」で不信仰に原因があると考え，贖罪を表そうと「鞭打ち苦行行進」が行われた。さらにもともとユダヤ人差別のあったなかで，根拠のないうわさが広がり，ユダヤ人に対する暴行事件が頻発，黒死病の大流行が始まると，集団暴行から集団殺人への転換が起きた。島崎は中世から近世を分かつ目安の一つとして，「英仏百年戦争」と「宗教改革」をあげるが，この大きな時代の転機の背景には民衆の終末観があり，そこには感染症が潜んでいたと記す。領主層の没落と農民の地位の向上，イングランドの「ワット・タイラーの乱」などの農民反乱が頻発する。また黒死病の不安から聖職者を介することなく神との直接の交わりを求めるようになり，既存教会の金もうけに対する不満から改革を求め，こ

れが，プロテスタントを生み出すとともにカトリック内部の改革を促す
マルティン・ルターの宗教改革に至る［島崎 2020］。

　三度目に1866年中国雲南省に始まるペストのパンデミックが香港に広
がったのは，28年後の1894年となり，北里柴三郎が香港でペスト菌を発
見することになったという［島崎 2020］。

　欧州の街には，ウィーンのペスト記念碑のようにペストによる犠牲者
を祀った碑があちらこちらで見られる。これらは犠牲者を悼むものであ
るが，現代に生きる私たちにとっては，過ぎ去ったパンデミックを復元
する「フォレンジックス」[3]として動かない事物に声を帰属させる「都市
や国家に声を伝える」［近森高明 2020］ものとして，街に置かれて世代を
超えて伝えること，それを目にする人に直感的に訴えるものになること
が可能ではなかろうか。

　ペストの出現によって，中世の教会システムのように，これまで堅固
としたシステムだと信じ，今後も同様の信頼を寄せてもいいと思ってい
たさまざまなものが次々に様相を変える。人々が信頼し，万全であるか
にとらえていた既存のシステムの限界や思いがけない事態と遭遇するこ
とになる。これによって歴史的に時代を分かつような大きな転換が起き
たのである。

　また，百年前のスペイン風邪は，当時の世界人口8億人の3分の1が
感染して，死亡率は10-20％で，世界で約5000万人が死亡したという［磯
田道史 2020：16-40］。このスペイン風邪の流行は，第一次世界大戦の後
半と重なる時期であるが，戦死者が1000万人に対してその5倍がスペイ
ン風邪で死亡していることになるという。

　日本においては，スペイン風邪は1918年に始まって終息まで約2年か
かり，三つの流行の波が襲来したという［磯田 2020：132-142］。第一波（春
の先触れ）が1918年5月から7月，第二波（前流行）が1918年10月から1919

年5月ごろ，第三波（後流行）が1919年12月から1920年5月ごろまでである。スペイン風邪の第一波では広く多くの人々が感染したが，死者はほとんど出ていない。が，第二波ではウイルスが変異して致死率が高まり日本で26万6千人の死者が出たという。さらに第三波では18万6千人の死者が出た。第三波は第二波よりも感染者は少なかったが致死率は高まった。磯田は新兵の入営日1919年12月1日の軍隊における「初年兵」の大量感染が，全国各地で第三波の発火点になり，軍隊によるクラスターが各地で起きたというのである。

　磯田によれば，「ペナルティを科す西洋文化」と「要請と自粛の日本文化」のコントラストはスペイン風邪の頃から続いている［磯田 2020：142-145]。スペイン風邪の時ロサンゼルス市では患者が発生した家には，インフルエンザは青，肺炎は白のカードを提示して，衛生監督者の許可なくして撤去ができなかった。これに対して日本政府は，警視庁の衛生係が新聞紙上で「なるべく人の集まる場所に行かぬがよい」と広告しただけで「隔離」や「社会的距離戦略」を行わなかったという。これに対して与謝野晶子が「政府がなぜいち早くこの危険を防止するために大呉服店，学校，興行物，大工場，大博覧会等，多くの人間の密集する場所の一時的休業を命じなかったのでしょうか」と嘆いたという。強い規制への政府のためらいについて，磯田はスペイン風邪の正体も不明でリスクや手間をかけて規制を行って本当に効果があるかどうかわからなかったと記す［磯田 2020：56-58]。

　また，そのころからあった「患者たたき」はかえって感染を広げるという。逆に感染者とは免疫獲得者であり，経済活動再始動の大切な戦力であるという。スペイン風邪が流行していた1918年11月に帰国前にシンガポールに寄港した軍艦「矢矧」の艦内で感染爆発が起きてほぼ全乗員が罹患，このとき「矢矧」を支えたのは地中海方面に派遣されすでに感

染して免疫を獲得していた「明石」の乗組員であったというのである［磯田 2020：146-150]。

　スペイン風邪は宰相にも襲いかかり，原敬は第一次世界大戦の終盤に第二波に襲われる。激務や大勢の人との午餐会，晩餐会，さらに伊藤博文の墓参りが原の発症の引き金になったという。罹患した原敬は「御前に出ることを遠慮して出席せず」と天皇に感染させることを懸念して会議に出られない。江戸時代に家臣が殿様や将軍の前に出るのを自粛するのに使ったのと同様，「遠慮」という語が使われている。しかしながら皇太子（昭和天皇）も秩父宮も三笠宮も罹患している。そのほか山県有朋など多くの閣僚がスペイン風邪に罹患した。磯田は，スペイン風邪によって当時の日本政治の構造が浮かび上がり，パンデミックを補助線にすると，政党内閣の内実とは，明治の元勲の後ろ盾がなければ動揺する，一人の長老が罹患するだけで政権が揺らぐ不安定さを抱えていたことを指摘する［磯田 2020：170-192]。

　磯田は幕末においてペリー艦隊が持ち込んだとされるコレラの流行が攘夷，すなわち外国との距離を取ることの機運を高めたこと，麻疹の流行がもともと攘夷論者であった孝明天皇の「疫病流行の背景に異国との接近があるのではないか」と外国との距離を維持させる現実的な認識を反映したものであったことなども指摘している。

　磯田はまた，日本人の高い衛生概念には歴史的背景があることを指摘している［磯田 2020：42-60]。磯田によれば，日本の天皇の王権も伊勢の祭祀もその始まりには疫病があった。神武天皇から十代目の崇人天皇の即位5年目に疫病が日本を襲い，これを収める過程で大和国三輪山のふもとに「三輪王権」と呼ばれる最初の王権が生じた。また聖武天皇の天平時代は天然痘の大流行期で，疫病を鎮める目的で奈良の大仏を建立したそうだ。治療薬もワクチンもない時代にまじないを考え出し，京都

祇園祭もそのひとつである。磯田はそこに，疫病神と人間との互酬，なれ合いを見出す。日本人にとって疫神は仇敵ではなくて疫病神との共生の思想を見出すのである。日本ではワクチンがわりにさまざまな張り紙がなされてきたという。江戸時代になると感染防止にはまじないではなく，隔離を説く医者が登場する。「第一に病に近寄りて入る」「第二にものを手に触れても伝染す」「第三に食物にて伝染す」と説いているのだ。江戸時代の隔離は主として民間の力で行われたことも記される。

　このように見ていくと，ペストや百年前のスペイン風邪などのこれまでの疫病の歴史と現在の新型コロナウイルスによるパンデミックに共通するものが少なくないことに気づく。

　今回のパンデミックにおいて，WHO は日本の対応を評価しているという。日本の感染率とりわけ死亡率の低さから，日本的なお辞儀，手洗い，室内では靴を脱ぐなどの行動が注目されているという。磯田が指摘するように，日本人の高い衛生概念には歴史的背景があり，新型コロナの波を乗り超えるにあたってもその力が大きく働いていたと考えられよう。

　古来，地震や津波の多い日本では，何百年もの昔にここまで海水が上がってきたという場所を示す道標や慰霊碑がある。欧州のペスト碑などと同様に，世代を超えて災害の記憶を残す役割を果たしている。パンデミックは地震よりもそのスパンは短いものであるが，世代を超えてできごとを伝えて注意を促すという意味では，フォレンジックスが効を奏することもあろう。

　また，磯田がパンデミックを補助線にすると政党内閣の不安定さが明らかになったと論じるのと同様に，パンデミック下のオリンピックの開催は「呪われたオリンピック」「課題に十分対処しない日本の姿勢を露呈，その姿勢は日常の中では気づかれない」といったことを明るみに出

す結果ともなっている。

　さらに，ペストでもスペイン風邪でもそういったパンデミックを補助線として新しい時代の始まりを語ることができるようだ。歴史的に見ると，パンデミックが起きて，社会がパンデミックを経験することによって，新しい時代へのパラダイム転換へとつながっていったことが少なからず見出されることを強調したい。

6　パンデミック後のパラダイム転換

　グローバリゼーションにともなって，変化やその普及の流行のスピードは格段に速くなり，明日何が起きるか予想のつかないなかで，日々状況に応じて変化する環境を受け入れざるを得ない。突発的に起こるできごとへの対処を，その場その場で自らの直感に頼らざるを得ない状況となる。今回の新型コロナウイルスによるパンデミックは，グローバリゼーションへの対応の批判問い直しとして，私たちの社会に大きなパラダイム転換を促すものではないだろうか。政府が唱えた「新しい生活様式」にとどまらない，もっと大きな思考の転換期を迎えているのではなかろうか。

　中山智香子は，グローバル化の過程で，「避け難く招じる接触により，意図せざる接触によって汚れ，死に至る可能性を生み出す」ことを指摘，「グローバリゼーションの恩恵だけを享受しようとして，非物質的，非身体的なスムーズさを楽観的にめざしてきた世界に対し，まるでわたくしたち自身の生命や身体が，ウイルスを通じて復讐を仕掛けているかのよう」という。彼女はまた，自由主義的市場経済への反作用が生物と非生物の間にあるウイルスの損座によってなされていることを「市場の外延の劇的な拡大」だと驚愕する ［中山 2020：221］。アルゴリズムの支配

が進展する一方であるかに見えていたとするグローバル資本主義による市場経済は，コロナウイルスによるパンデミックによって予想もしなかった抵抗や反発，空白に直面している。同時にこれはグローバル資本主義を新しい段階の転換へとつながるのではないか。

　それでは，どのようなパラダイム転換が起きることになるか。

　第一にオンラインやビッグデータの利用によってビジネスにおいても消費生活においてもデジタル化が進み，非日常であったテレワークやオンライン授業が日常的なありふれたものとなることである。対面とオンライン混合のハイブリッドの会議も増加していて，リアルとバーチャルの境界線が今以上に曖昧な社会となることが予想されるであろう。

　いっぽうで，水島一憲は，スマートフォンからアクセスできる最初のパンデミックであったことを指摘し，国家によるビッグデータの活用について，中国におけるアリババグループの「健康コードシステム」やシンガポールの「トレース・トゥギャザー」というアプリによる感染者追跡システムを例にあげる。デジタルメディア技術が「非常事態」を構成する不可欠要素として広く，細かく，深く配備され，プラットフォームが「監視」「管理」「制御」の機能で社会インフラとしての働きを強めることから，私たちと新たな支配階級と独占的に所有するプラットフォームとの非対称な関係を憂慮している［水島 2000］。

　逆説的であるが，リアルとバーチャルの境界線が曖昧なものになったからこそ，リアルな人間の豊かな体験の見直しにつながることも期待できるのではないか。グローバリゼーションが進み，多様なビッグデータやそれらの（因果関係は不明でも）関連性が瞬時に得られる時代には，翻って，各々の文脈におけるリアルな質的情報やその解釈の重要性が増すことになろう。とりわけ私たち日本人が集合的な再帰性を働かせるときには，画面を見つめる視覚だけでなく，自覚のないままに聴覚，嗅覚，

触覚などの五感も盛んに働かせている。一方，プラットフォーム資本主
義が，市場でもメディアでもなく「プラットフォームだ」と，自覚する
ことなくわれわれの五感，本能，感性，消費と労働の行動，思考にまで
深く入りこもうとしている［Galloway 2017=2018］。このプラットフォー
ム資本主義の力によって，無自覚のままにわれわれ人間が商品とされる
大きな流れに巻き込まれている時代には，それに対する批判勢力ともな
りうる私たちの直感的再帰性[4]［中西 2020a］が，無自覚のうちにグローバ
ルな市場やメディアの望むような方向へ向かうようにと変容を遂げてい
ることも想像できよう。パンデミックは，グローバルな市場や情報によ
って変容させられつつある私たちの直感的再帰性を，再び自らの手に取
り戻す契機になるかもしれない。

　第二にこれとも関連するが，グローバルなパンデミックのために家庭
や地域にとどまることで，日常のローカルな体験の見直しや隣人との分
かち合い（シェア）につながることである。パンデミックの以前から，
所有するよりもシェアしようとシェアカーやシェアハウスなどに注目が
集まっていた日本の状況により拍車をかけるものとなろう。また初期に
北海道に感染が広がったときに，中止になった北海道展の余剰作物のネ
ット販売や，休校で給食が廃止になり余剰となった牛乳や野菜を購入す
るなど，同じ消費をするならば被災者のためにという消費行動が注目さ
れた。日本独特のインフォーマル空間における共同体感覚でもあろう。
地震や水害などの災害時にもよく見られる現象である，伝統的な「世間」
としての行動が見直されるといってもいいであろう。有薗真代は結核に
由来する「コロニー」生成や展開を追い，「パンデミックによる非常事
態のなかから，無数の協同や相互扶助が生まれうる」［有薗 2020］とも
いう。ローカルな価値や，そこでの必ずしも経済的利益を伴わなくても
共感する分かち合いなどが注目されよう。世間や共同体感覚が復活する

ことで，「シェア」の意識は高まるのではないか。

　いっぽうではこれも伝統的な共同体の復活として，共産主義や共同体という意味を含む「コミュノ（commino）」に置き換え「コロナウイルス」を「コミュノウイルス」という風刺的な言い回しも散見される［水嶋 2020］。過度な同調圧力や自粛のための自警団を組織する人まで現れるなど，過ぎた相互監視体制すら生まれていることなどから，日本における伝統回帰が戦前のような息苦しい社会を招くことは十分危惧されよう。スペインの Margarita Baranano もパンデミック下においてローカリティが重視され，モビリティが減じられることの危惧を表明していた［Baranano 2021 ESA］。[5)]

　さらに企業に対しても企業市民として，共同体の一員としての意識が求められよう。パナソニックがコロナワクチンの開発に2億円の寄付を申し出た日には「次の電化製品買い替えはパナソニック」というインターネットの書き込みが相次いだという。NTT は2021年に家族を帯同しない転勤を中止することを発表している。淡路島に本社を移したインテック社が話題になったが，リゾート地でテレワークも可能になるといった空間の形成が今後増えるのではないだろうか。

　第三にウイルスなども含めた自然との共生である。第一波，第二波，第三波，第四波，第五波が去っても，今後さらに第六波，第七波と次々に訪れることはスペイン風邪などの前例からも十分に想定できるであろう。また新型コロナウイルス以外の新しいウイルスが生まれることも十分考えられよう。石によれば，ウイルスは宿主の人とともに進化しながら次第に適応していったものの子孫であり，「宿主と共生しなければウイルスも生き延びることができない」［石 2018］。こういったなかでは，ウイルスに勝つというよりもウイルスとの共生が求められよう。人間の力を超える自然を畏怖し，主観対主観の関係性を築く日本人の自然観を

取り戻すことである。外出規制などによって地球温暖化には歯止めがかかっている。2020年2月に，パンデミックによりカーニヴァルを途中で中止したヴェネツィアがその本来の美しい海を取り戻したように，2020年4月に第1回緊急事態宣言が発せられたときには日本でも，京都や奈良など，観光客の激減によってその静けさ，美しさを取り戻した地域が少なくない。パンデミックはグローバリゼーションや地球温暖化によって失われつつある自然からの警告でないかとすら思えるほどである。

　このようにみていくと，パンデミックによるパラダイムの転換はプラスマイナスどちらにも働く両義的な転換であって，伝統的に日本の文化とも関係の深いものであることがわかる。第一のデジタル化の進展は，リアルとバーチャルの境界が曖昧なものにすると同時にリアルな人間の豊かな体験の見直しや直感的再帰性の取り戻しにもつながる。第二のローカルな体験や共同生活の分かち合いは同時に共同体の息苦しい監視社会につながる。第三の自然との共生は地球温暖化防止や静寂や美をもたらす反面，観光産業や運輸サービス業の停滞をもたらす。そういった意味ではパラダイム転換による変化そのものに対しても，再帰的な批判を持ち続けることが必要であろう。

　リアルとバーチャルの境界が曖昧なものとなり，個人が豊かな体験を大切にするようになれば，シンプルで本当に必要な厳選したもので生活するようになろう。巣ごもり時に手作りの料理やお菓子作りの時間が増えていたことに示されるように，北海道の牧場直送のバターや近所の庭飼いの卵，朝採れ野菜など精選した材料を用いた「手作り料理体験」をして庭の美しいバラを飾って，自宅リビングで丁寧に入れたオンライン・ショッピングでインドから取り寄せたフェアトレードリーフティーとともにそれらを味わうようなスタイルが定着するかもしれない。そのお茶会の様子は海外の友人にもZOOM配信される。

　遠藤英樹は，観光客がキャラクターのぬいぐるみとともに旅をして，ぬいぐるみを主役にして撮影を楽しむ「ぬい撮り」の事例を参考にして，観光というモビリティのもとで，これまであり得なかったものが生まれ始めているという。遠藤は，観光によってつくられる「情動」はプラットフォームの中で人のモビリティを抜きに成立することができることを示す。そしてそれは「観光の終焉」を告げるものか，「観光の徹底」かと問うている［遠藤 2020］。今，新型コロナウイルスによるパンデミックによって観光業界が顧客を激減しているなかで，リアルとバーチャルのつながった旅行が，新しい観光概念を生み出すことになるかもしれない。リアルとバーチャルの境界を意識しない観光，車内にいながら現地にいるような雰囲気を味わえる交通機関なども考えられよう。また旅客のいなくなった旅客機が医薬品を運び，タクシーが居酒屋の持ち帰り弁当のデリバリーを行うというように，固定概念を捨てて「移動手段」として現状にその場その場で必要な対応をするという柔軟な姿勢が求められることになろう。

　伝統的に根差した日本の衛生観念が見直されたことを前述したが，さらに日本らしい引き算の美を具現したシンプルな「無印良品」のコンセプトに共感するようなグローバルな消費行動も注目されることになるのではないか。深澤徳は無印良品ブランドの思想が有名ブランドへのアンチ・テーゼであるという［深澤 2011］。加工や装飾，流通なども含めてさまざまな固定観念へのアンチ精神で「無」を記すことで，海外では日本以上に日本らしい商品とイメージされている。深澤は無印良品に，無駄を徹底して省いた姿の「引き算の美」を見出す。何もない空間を意味する「間」や「間」を象徴する茶室における「一期一会」など，使う側が試されることになるという。パンデミックやその環境においてのオリンピック・パラリンピックの実施を契機として，日本国内のみならず，

世界で世界遺産の和食だけではなく日本特有の生活の仕方やその思想，いわゆる「和」の精神の復活など日本の文化や思想が世界に普及していく可能性も考えられよう。

　自然との共生という点では，今以上にグローバルな地球環境意識が高まり，経済よりも環境や自然を大切にしたいという志向がより顕著になろう。再生可能エネルギーなどを用いたCO_2削減による温暖化防止やプラスチック素材よりも繰り返し使える容器や自然に還る素材を使おうとする自然環境への配慮の機運も高まることになろう。また，名所旧跡はなくても，静かに自然のなかでゆったりとした長期休暇を過ごすような「退屈すること」や「こもること」を楽しむようなリゾートが注目されることになるのではないだろうか。

7　結　び

　本章では，新型コロナウイルスのパンデミックがもたらした社会の変化をたどり，以後のパラダイムがどのように私たちの社会を変革していくのか，グローバルなパラダイム転換を，再帰的観点から論じてきた。

　パラダイムの転換としては，第一にオンラインやビッグデータの利用によってデジタル化が進むことによって，リアルな世界とバーチャルな世界の境界線が曖昧なものとなり，相互に干渉し，浸透しあうことである。これは逆説的ではあるが，急速にグローバル情報化が進展する世界において，プラットフォーム資本主義がマシンによって変容させようとしている直感的再帰性を，再び私たちが自らの手に取り戻すためには，またとない機会の到来ともいうことができるであろう。

　第二に，グローバルなパンデミックのために家庭や地域にとどまることで，日常のローカルな体験の見直しや隣人との共同生活の分かち合い

につながることである。インフォーマル空間における共同体感覚であり，経済的利益を伴わなくても共感する分かち合いの世界である。これは，とどまるところを知らずに進むグローバリゼーションの再考を促すものでもあろう。一方で，モビリティが制限されることによって閉鎖性が高まることが予想される。人々が移民や難民の受け入れなど，積極的に移動する欧州においては，モビリティが制限され，ローカルな地域にとどまらざるを得ないことによって生じるさまざまな懸念が指摘されている。一方，とりわけ同調圧力の高い日本においては，戦前を思わせる息苦しい監視社会を招くことや，日本における地域コミュニティの移民や難民に対する受容度が低まることが危惧されよう。

　第三に，ウイルスなども含めた自然との共生である。人間の力を超える自然を畏怖し，主観対主観の関係性を築いていたかつての日本人の自然観を取り戻すことである。これは世界的にみても，日本に代表されるような生活様式や日本の文化思想を改めて見直すことにつながるものであろう。さらに地球環境という点から考えると，パンデミックはグローバリゼーションによって失われつつある自然からの警告かもしれないとも思えるのである。

　これらの三点から，パンデミックによるパラダイムの転換がグローバル社会にどのような影響を及ぼすか考えてみた。筆者が関心を持つ再帰性という観点に立って，感じるまま，考えつくままに並べた試論である。おそらく再帰的なグローバリゼーションにさらに拍車がかかることになって，リアルな世界とバーチャルな世界，グローバルな領域とローカルな領域，人間と人間以外のものとの境界が今以上に曖昧なものとなっていくであろう。再帰性にも変化が生じ，新しい再帰性が誕生することにもなろう。そういったパラダイム転換の中で，私たちのこれまでの近代化やグローバル化が，どこまで私たちの幸せを目ざしてきたものか，改

めて問い直されることになるのではないか。

　このほかにもさまざまな観点や領域からのパラダイム転換やグローバリゼーション批判の議論が巻き起こる可能性が考えられる。たとえば大賀恵佳［2021］は「パンデミックと剥き出しの生——生命か経済かという問いがつきつけるもの」において，人間の存在は生命と経済活動にのみ還元されるものではないと，アガンベンの「生き延びる以外に価値を持たない社会とはどのようなものか」［Aganben 2020b=2020］を引用しながら，「生命を守るためであれば」に含まれる欺瞞を批判している。パンデミックにおいて生が至上価値を持つことに対する疑問を呈し，民主主義とリベラリズムの枠組みの漸弱性を明らかにしているという。

　岡田温史［2021］によれば，アガンベンの言い方では生物学的なサバイバルを優先させる「バイオセキュリティ」のためにあらゆるものが犠牲にされようとしている。すでに「潜在的テロリスト」へと変貌した人は，「潜在的感染者」である。またパンデミックは「インフォデミック」とも並行して起こっていること，ソーシャルメディアがインフォデミックの温床となっていることをも指摘している。それ以外に，「芸術は不要不急であるのか」という議論がさまざまな芸術の分野において巻き起こっている。パンデミックを経験することによって，美的のもの，宗教的に崇高なものなど，人間の生命を超えたものの価値があらためて問われてるといっていいであろう。

　百年に一度の大きなパンデミックを経験して，これを契機に，急激にグローバル化を進めてきた私たちの社会がどのような変革を遂げることになるだろうか。いまや，社会としてそして個人として，私たちすべてに，これからの百年を左右するような深く大きな問いかけがなされている。この問いかけに対して，私たちにはさまざまな未来への働きかけの可能性が再帰的に開かれていくのではなかろうか。

注

1）再帰性 reflexivity, Reflexivität という語は再帰性，反省性，自省性，反照性，リフレクシヴィティなどと翻訳されている。反省性の意味が近い個人意識から，再帰性のほうがふさわしい社会の制度や構造の循環的反照的な性格まで広い意味をもつ。ここでは最も多く使われており意味範疇の広い「再帰性」という語に統一する。再帰性をめぐっては，さまざまな議論のあるところだが，「自らを他者に映し出して，それが再び自己に帰って自らも他者も変化，変容していくことを繰り返す螺旋状の循環」と表現しておく。

2）ピンデミックとは，ピンというアプリの通知音とパンデミックを合わせた造語である。

3）フォレンジックスとは復元という意味で，この語源はラテン語で，「フォーラムに関係する」を意味するフォレンジスに求められる。「フォレンジックス・アーキテクチャ」とはイスラエル出身の建築家エヤル・ヴァイツマンの主導する調査実践の名称であり，2010年に設立されたロンドンに拠点を置く調査機関の名称でもある。プレゼンテーションの様式としてのアーキテクチャとは，具体的かつ明確な提示方法としての建築であり，複雑なできごとであっても，建築モデルやアニメーションを用いて，専門家にも一般の人々に直感的に理解できるようになることが期待できる［近森 2020］。

4）直感的再帰性とは中西［2020a］において提示したものである。私たちにプラットフォーム資本主義が素早く深く浸透してくることに対して，それらを受け入れて変容を遂げることができるのも，批判的に問い直すことができるのも，ラッシュが提案する美的再帰性や現象学的再帰性などとともに，人間の主観，客観の区別以前の直感的な再帰性となるのではないか。もっとも，私たちの再帰性が，すでに市場やメディアの望むような方向をめざすように，何を美とし，何を直感的に感じるかを変容させられている可能性も考えられる。

5）2021年8月31日から9月3日にスペインのバルセロナにおいてオンラインで行われた第15回 ESA（欧州社会学会）の RN29（social theory）の分科会 "The Virus and the Pandemic" に出席した。このセッションでは4つの発表があった。最初に筆者が "Pandemic and Paradigm Shift in Japan" と題して発表した。次いでスペインの Margarita Baranano が "Spatial Mooring of Social Life and Coronavirus Crisis: Theoretical Debates and Changes" と題して

パンデミック禍では空間的にローカリティが強調されモビリティが変容することについて発表していた。三番目に Andre Marinha の"Records of the virus：Envisaging Alternative Futures Through Testimonial Practices"，最後に Frank Welz の"Can a Virus Change Society ？ Modern Society from Durkheim to Foucault － and back again？"の4発表，続いて討論が行われれた。質問を受けたので，日本において都市封鎖はしなくても自粛を行うことや，マスクをしないで電車に乗り，スーパーに入ると，他の乗客や店員の視線や無言の圧力をその「空気」によって感じることなどについて説明した。

参考文献

Aganben, G.［2020a］"Contagio"（＝2020，高桑和巳訳「感染」『現代思想』vol. 48-7：18-19.）

──────［2020b］"Chiarimenti"（＝2020，高桑和巳訳「説明」『現代思想』vol. 48-7：20-21.）

朝日新聞社［2021］『朝日新聞』2021.9. 25.

有薗真代［2020］「病者のユートピア」『現代思想』vol. 48-7：235-239.

Beck,U.［1986］*Riskogesellshaft*, Frankfurt am Main：Suhrkamp.（＝1998，東廉・伊藤美登里訳『危険社会』法政大学出版局.）

Beck, U., Giddens, A., Lash, S.［1994］*Reflexive Modernization*, Cambridge：Polity.（＝1997，松尾精文・小幡正敏・叶堂隆三訳『再帰的近代化』而立書房.）

文藝春秋［2021］「コロナ猛威世界は警告する」『文藝春秋』10月号：94-131.

Camus, A.［1947］*La Peste*.（＝1969，宮崎峰雄訳『ペスト』新潮社.）

近森高明［2020］「フォレンジックスの時代──建築家エヤル・ヴァイツマンの思想と実践」中西眞知子・鳥越信吾編著『グローバル社会の変容』晃洋書房.

深田徳［2011］『思想としての「無印良品」』千倉書房.

遠藤英樹［2020］「モバイル＝デジタル時代の観光──「観光の終焉」？それとも「観光の徹底」？」中西眞知子・鳥越信吾編著『グローバル社会の変容』晃洋書房.

Galloway, S.［2017］*The Four*.（＝2018，渡会恵子訳『the four GAFA　四騎士が創り変えた世界』東洋経済新報社.）

Giddens, A.［1976］*New Rules of Sociological Method*：*A Positive Critique of Interpretative Sociologies*, Cambridge：Polity.（＝1987, 松尾精文・藤井達也・小幡正敏訳『社会学の新しい方法基準——理解社会学の共感的批判』而立書房.）

──────［1984］*The Constitution of Society*, Cambridge：Polity.（＝2015, 門田健一訳『社会の構成』勁草書房.）

──────［1990］*The Consequences of Modernity*, Cambridge：Polity.（＝1993, 松尾精文・小幡正敏訳『近代とはいかなる時代か』而立書房.）

────［1994］*Beyond Left And Right*：*The Future of Radical Politics*, Cambridge：Polity.（＝2002, 松尾精文・立松隆介訳『左派右派を越えて——ラディカルな政治の未来像』而立書房.）

磯田道史［2020］『感染症の日本史』文藝春秋.

伊藤陽一［2013］「空気の政治心理学」伊藤陽一・浅野智彦・赤堀三郎・浜日出夫・高田義久・粟谷佳司編『グローバル・コミュニケーション』ミネルヴァ書房.

鴻上尚史・佐藤直樹［2020］『同調圧力——日本社会はなぜ息苦しいのか』講談社.

厚東洋輔［1991］『社会認識と想像力』ハーベスト社.

Lash, S.［1994］'Reflexivity and its Doubles：Structure, Aesthetics, Community' in Beck, U., Giddens, A., Lash, S., 1994, *Reflexive modernization*, Cambridge：Polity.（＝1997, 松尾精文・小幡正敏・叶堂隆三訳「再帰性とその分身——構造, 美的原理, 共同体」『再帰的近代化』而立書房.）

──────［2002］*Crtique of Information*, London：Sage.（＝2006, 相田敏彦訳『情報批判論』NTT 出版.）

──────［2010］*Intensive Culture*：*Social Theory, Religion and Contemporary Capitalism London*：Sage.

──────［2018］*Experience*：*New Foundation of Human Sciences*, Cambridge：Polity.

Lash, S., Urry, J.［1987］*The End of Organized Capitalism*, Cambridge：Polity.

──────［1994］*Economies of Signs and Space*, London：Sage.（＝2018, 安達智史監訳『記号と空間の経済』晃洋書房.）

水嶋一憲［2020］「コモン／ウイルス――解体するスペクタクル・デジタルメディア技術・コモンのケア」『現代思想』vol. 48-7：38-46.

中村伊知哉［2013］「クール・ジャパン：日本の産業文化力」伊藤陽一・浅野智彦・赤堀三郎・浜日出夫・高田義久・粟谷佳司編『グローバル・コミュニケーション』ミネルヴァ書房.

中西眞知子［2007］『再帰的近代社会――リフレクシィブに変化するアイデンティティや感性，市場と公共性』ナカニシヤ出版.

―――――［2013］「再帰性の変化と新たな展開――ラッシュの再帰性論を基軸に」『社会学評論』254：224-239.

―――――［2014］『再帰性と市場――グローバル市場と再帰的に変化する人間と社会』ミネルヴァ書房.

―――――［2020a］「市場がとらえる直感的再帰性」中西眞知子・鳥越信吾編著『グローバル社会の変容』晃洋書房.

―――――［2020b］「パンデミック後のパラダイム転換――思考と生活の再帰的変化」流通経済研究所.

中山智香子［2020］「グローバリゼーションと「危機」の」経済的位相――コロナショック二〇二〇の示すもの」『現代思想』vol. 48-7：219-223.

岡田温司［2021］『増補アガンベン読解』平凡社.

大賀恵佳［2021］「パンデミックと剥き出しの生――生命か経済かという問いがつきつけるもの」『現代社会学理論研究』115：137-149.

島崎晋［2020］『人類はパンデミックをどう生き延びたか』青春出版社.

山本七平［1983］『「空気」の研究』文芸春秋.

参考ホームページ

https：//news.yahoo.co.jp/articles

https：//www.intage.co.jp/gallery/covid19-dcgs-1

https：//www.nature.com/articles/s41558-020-0797-x

◯Column

パンデミックの中での研究生活

1

　新型コロナという言葉が世に広まってから丸二年以上が経つ。長期の戦いとなるということは当初からいわれていたが，正直うんざりするほどのしつこさである。パンデミックが続く中で，我々のような現場主義を重視する研究者にとってもこの二年は大打撃であった。コロナ禍以前より，国内外の事例を現場の視察や関係者へのインタビューを通してデータを収集してきたが，2020年度以降は「年度の後半には……」，「次年度になれば……」という希望的観測が次々と絶たれていった。

　このような状況下で，ある機構の研究助成が1年の期間で採択された。産業構造の高度化に資する研究を求められており，筆者は日本とドイツの食農産業を事例研究の対象として，地域における同産業の振興に向けていかに異分野間連携を促進させて競争力のある新規事業を創出するかについて，連携促進のためのマネジメントとそれを担う人材について探求すべく研究分担者とともに取組むこととなった。研究は同助成採択後の2020年5月の緊急事態宣言真っ只中に開始した。

　筆者と研究分担者は互いに他県に住んでおり，まだ十分に得体が知られていなかった感染症が蔓延している状況において，大学からは県境をまたいだ出張の実質禁止，ましてや海外に渡航することなどは目途も立たなかった。さらに教員としてはじめての全面オンライン講義への準備と実施に四苦八苦する中で，自室にこもりながら研究を進めていくしかない。仕方なく，パンデミックになって初めて使用することとなったWeb会議システムを活用し，ネットでデータ収集をして分担者と打ち合わ

せをしながら進めることとなった。「100年前のスペイン風邪が
流行した頃に，同じような境遇にあった人はどのように対応し
ていたのだろうか？」と想像しながら。

　2020年度中のパンデミックの終息が見通せない中で，研究助
成は状況を考慮した機構のお取り計らいで一年間延長された。
しかしながら，繰り返される感染の波と緊急事態宣言により，
Web 会議システムを利用した分担者との打ち合わせが続
き，2021年12月時点で計30回を超えるに至った。また，収集し
た二次資料を基に，さらに詳細なデータを得るために2020年の
夏からまずは国内事例を対象に，こちらも Web 会議システム
を利用してインタビュー調査を実施した。このような時期にも
かかわらず関係者の方々が研究にご協力いただいたおかげで対
面ではなかったが期待以上の情報を得ることができた。2021年
度にはドイツの現地調査ができるものと期待して期間を延長し
ていただいた研究助成であったが，結局渡航は叶わず同国の調
査も Web 会議システムによるインタビューとなってしまった。
こちらもインタビューに至るまでの紹介や実施において関係者
の方々の多大なご協力をいただき多くの有益な情報を得ること
ができた。これらの調査結果を踏まえ，個別事例に関する論文，
学会発表，比較論文，そして最終成果報告書の完成へと取組む
ことができている。

　助成期間が残り僅かとなり総仕上げに取り掛かる段階となっ
てきたが，感染状況が小康を保っていた2021年11〜12月にかけ
て，国内のみではあったがついに調査対象の関係者を訪問する

ことができた。協力へのお礼を伝えるとともに，最新の取組み状況についても聞くことができ，さらに活動現場を視察して取組み内容への理解を深めることもできた。また今後の研究会等の話もでて，こちらから提供できることや今後の協力関係についても発展の可能性を見出すことができた。やはり現場に訪問し，実際に見て理解することや人々と対面で交流することは欠かすことができない。一方でコロナ禍を通して取組んだ，技術を活用した新たな研究の進め方にも大きな可能性を見出すことができたことも事実である。おそらくは研究以外の様々な活動もそうであろう。ポストコロナに向けて，パンデミックで得た経験をいかに発展させていくかが今後の課題であることを一つの経験から見出すことができた。

川端勇樹

第2章

パンデミックと働く「場」の変容
——場の自己組織化の視点から——

西 川 絹 恵

1　はじめに

　「パンデミック」という言葉を私たちは日常でよく耳にするようになった。これは2020年3月11日，世界保健機関（WHO）のテドロス事務局長が世界で感染が広がる新型コロナウィルスについて，「パンデミックとみなせる」という発表が注目されてからでなはいだろうか。パンデミックとは世界規模で感染症が流行して制御不能になっている状態を指す。歴史的に記録が残っている最初のパンデミックの記録は，紀元前400年代の古代ギリシャのアテネで甚大な被害をもたらした深刻な感染症の流行である。そのほかにも14世紀ヨーロッパのペストや19世紀のコレラ，1918〜19年のスペインかぜ，そして最近では2003年に起きたSARSなどパンデミックはたびたび世界で繰り返し起こっていることがわかる。

　パンデミックは「地理的に広い範囲の世界的流行」であることから，この流行はグローバル化による影響は否めない。グローバル化とは情報通信技術や交通手段の発達による移動の容易化や，市場が国際的広がりを見せることで人や各国が相互に依存し，他国や国際社会の動きに影響を受けることである。そのためある地域で起きたウィルスが世界中に飛

び散るスピードも早くなり，ウィルスを防ぐのも容易ではなくなってきているのである。国の境界があいまいになってきていることは，ある側面において世界が一つの「場」に集約されているように見える。しかし実際には「場」に含まれる様々な事象は水面下に潜んでおり，内的には様々な矛盾が存在するのであるが，我々は意識化することを避けてあえて見えないようにしていることも少なくはない。しかし今回のように世界中を巻き込むパンデミックのような現象が起こると，「場」の自己組織化が大きく促される。それにより「場」も大きく影響を受けるがゆえに，「場」に内包された矛盾が動き始め，様々な影響が出てくることも当然といえば当然である。「場」の変容が私たちの生活や日常を変容させる。それが果たしていい方に変容するのかよくない方に変化するのかは，その「場」にいる人にとって様々に感じることである。

　JX通信社によると2021年11月では，日本におけるコロナウィルス累計感染者数は約170万人になるといわれている。この大いなるコロナウィルスの傾向は私たちに様々な脅威と変化をもたらしている。特に日常生活において「ソーシャルディスタンス」という距離をとるという生活や食事時の「黙食」は，コミュニケーションを減少させ我々の関係性も持ち方を大きく変化させた。その中でも我々の働く「場」も大きく変化している。職場はオフィスだけではなくなった。パンデミックを機に自宅で働くテレワークという働き方が一気に広がった。働く「場」の変化は私たちにどのような影響を与えるのだろうか。そもそも「場」とはいったいどのようなものなのであろうか。本章では「場」とは何かを明らかにするとともに，パンデミックによって働く場の自己組織化が促された結果，どのように変容したのかついて定量調査及び自由記述から考察していきたい。

2　「場」の自己組織とは

（1）「場」の先行研究

　「場」という言葉は日本でもよく使われる言葉である。しかし「場」とは何かと問われると，何となくわかっているようで，形のない説明しがたいものであることに気が付く。そもそも「場」の概念は，古代ギリシャ時代の Aristoteles の「場所（トポス）」の中でも登場しており，人間の実存や思考の原理を論じるうえで重要な地位を占めていた。ところが合理主義・物理学主義が19世紀半ばに台頭したことによって，実在や思考の基盤としての「場」に変わり，「絶対空間」の概念が物理空間のとらえ方の常識となった。特に物理学においては，物体その物の質量と物体間の線的な力学的関係のみを物理法則の本質と見ることが中心となっていた。しかし電磁場の研究により「電磁場は電気や磁気を帯びた物体が引き起こす周囲の空間の状態変化」であるということが明らかになったことから，物体を含む空間である「場」であると捉え直された。そして場の量子論においては，それまで質量を持ち引力的に作用する力によって結びつけられていると考えられていた素粒子は，粒子であると同時に波という性質をもち，他の粒子と共に「場」を構成するのでなく，「場」の作用その物として存在しうることを明確にした。現代物理学の発見により，物体は単独に存在するのでなく，周囲と不可分に結びつくとともに，個々の物体の性質は周囲との相互作用という意味でのみ理解しうるという認識は，様々な分野においての「場」の在り方をわかりやすく包括してあらわしている [西口 2000]。

　社会科学においては，心理学者のクルト・レヴィン [1951＝1956] は「場」を「一般に相互に依存していると考えられる共在する事実の全体」

と定義している。彼は個々の事象を集団の構造との関係でとらえる場の理論（field theory）を提唱し，「場」の視点を取り入れることで集団を心理学的な力の場であるとした。

　この理論は心理学のみならず社会学，経営学，組織理論など様々な分野にも広がり取り入れられるようになっていった。社会学者のブルデュー［1992 = 2007］も「界（場）」（champ, field）の概念を重要な位置付けとして取り上げている。この概念は「界」と「場」の両方で翻訳されているが，ここでは「場」と表記する。ブルデューの「場」の概念を理解するためにはまずハビトゥスの概念を理解する必要がある。ハビトゥスとは人間の相互行為の中で社会的，歴史的諸関係の集合によって構築されるものである。（但しこれは固定的なものではなく社会的，歴史的変動の中で常に組み換えが起こっていくものである）。そして重要なのは，我々はハビトゥスによって分類されているということである。いうなれば例えば自分が仕事を選んでこの「会社」に就職したと思っていることが，人間ではなく「社会側の視点」からみると，実は自分が「会社」に集められているということになるのである。このように同じハビトゥスを持つ者が集まることで，似た者同士の集団がつくられ，その中で何者かになっていく。ハビトゥスは分類すると同時に，我々を方向づけ，規定し，分類していくのである。

　「社会側の視点」から主観的に仕事を選んでいる人を見た時，これは様々な座標軸を持った空間として認識される。ブルデューは「場」の概念を以下のように定義する。

　　　（場とは），位置あるいは地位間の客観的な関係のネットワークないしは配置のことです。それらの存在及び（その在住者＝占有者，行為者あるいは機関に対して）それらが押し付ける決定の中で，次のよ

うな構造内における目下の（あるいは潜在的な）状態によって（場は）
客観的に定義されます。つまり，他の位置あるいは地位（支配，服
従，相同　性など）の客観的関係と同様に，「場」の上にさらされて
いる特定の諸利益へのアクセスを操作するような類の力（あるいは
資本）の分配構造の中においてです。[Bourdieu & Wacquant 1992 =
2007: 131]

　「場」はその中で価値を付与された資源の制御をめぐる闘争の場であ
り，資本の総量と形態に基づく支配的あるいは従属的な位置＝地位の構
造的空間である。「場」の内部にはルールが存在し，この「場」に参加
するということは，そのルールに従うことを暗黙裡に認めることでもあ
る。そしてこの「場」においてハビトゥスや資本（掛け金）をどれだけ
所有しているかが，「場」の中での位置関係を闘争を左右する要因とな
る。ここで得るものは象徴的な利得であるため象徴闘争も呼ばれる。そ
れぞれの「場」はそれらに固有のメカニズムによってその闘争範囲が構
造化されるため，その「場」以外のところからは相対的な自律性を確保
することになる。一言でいうと「場」とは共通項でまとまっている資本
やルールで構成された社会的空間であり，象徴闘争が行われる競技場で
あるといえよう。ブルデューは「場」を「諸関係のシステム」または「位
置のシステム」ととらえ，「場」の概念を考える時は関係論的に考える
ことが必要であり，高度に分化した諸社会において「場」は種別性をは
らんだ固有の論理を持っていると述べている。但しここでいうシステム
という言葉は体系秩序という意味で使用しており，システム理論の機能
主義と有機的組織体とは異なるとしている。「場」とシステムの本質的
な違いについては，「場」には争いがあり，歴史があること，そしてシ
ステムの構築はシステム独自の内的運動ではなく生産の場に備わってい

る葛藤から生まれた物だと説明している。このように「場」は様々な要素を含んでおり，多くの要因から複雑に影響を受けて構築され，さらにその都度複雑に変化するという不確実性を伴うと指摘している［Bourdieu 1979＝1990］。

　哲学においては，フッサールは現象学の立場から我々の存在する場を「生活世界（Lebenswelt）」ととらえ，「常に問われるまでもない自明性の内にあらかじめ与えられている感覚的経験の世界」として身体が働く世界，「生きられた世界」としてとらえなおした。これを哲学者のモーリス・メルロ・ポンティは「間身体性」としてさらに発展させた。メルロ・ポンティは世界と身体に関する考察において人間が世界に内在するのは身体を通してである一方で，それ自身が世界の構成の一部分であるという両義的主観性という特徴を持つとした。そして感覚は存在との原始的な触れ合いであり，感覚的なものとの共存としてそれ自身が空間を構成すると述べ，「空間」を構成するのは「感覚」であるととらえた。そしてその感覚をとらえるのは身体であることから「知覚とは身体である」と論じている。例えばメルロ・ポンティは絵画とは私たちの身体世界と原初的結びつきの表現であると考えている。なぜなら見るという経験は，「見る私」と「みられる物」とが独立しているという前提で開始されるのではなく，私と物を最初から含みこんで生じる運動であり，能動と受動が複雑に絡み合っていると説明している。このように世界（場）を知覚するのは身体であり，これを媒介に世界（場）を感じているとメルロ・ポンティは述べている［Merleau-Ponty 1945＝1982］。

　日本においては哲学者の西田幾太郎，齋藤慶典をはじめ，社会学者の中根千枝，科学者の清水博，心理学者の河合隼雄，経営学者の伊丹敬之，野中郁次郎，露木恵美子らが「場」の理論について研究を行っている。

　日本社会では，伝統的に「場」の概念が個人と社会の関係を取り持つ

基本的な原理として機能してきたという [河野 2010]。それは日本人にとって自己の社会的存在そのものであり，その行動原理の核をなすものである。伝統的村落型共同体が少数となった現代の日本においても，「場」の感覚は脈々として受け継がれ，「場」を使った言葉や慣用句表現となってあらゆる世代の日本人の行動に大きく影響し続けているのである。例えば場を読む，場を変える，場を和ます，場の雰囲気，場をわきまえる，場がしらける，場を仕切る，場を清める，場を設ける，場を鎮める土，壇場，独壇場，場数を踏む，場違いなど「場」をつかう言葉は多数存在する。これらの例からもわかるように「場」とは物理的なものだけではなく，時間，心理的空間をも包括しているものであると考えられる。

　日本社会では伝統的に「場」の概念が個人と社会を取り持つ基本的な原理として機能してきた。中根千枝 [1967] の「場」の定義は（多くの場合偶然によってあてがわれた）所属集団そのものであり，それらへのメンバーシップが直接個人の生活様態を左右する社会的な枠組みに他ならないとして，「場」は日本人にとって自己の社会的存在そのものであり，その行動原理の核をなすものであると述べている。

　心理学者の河合 [1976] は，日本においての「場」は自己の存在と切り離せないでものあり，「場」の均衡状態を維持したいという心理が心の中で働いていることから，日本人にとって「場」は言語化されない感情的な一体感として特定の状況や集団内の個人間に共有されていると述べている。さらに西洋人と日本人の自我構造の相違は対人関係の在り方の中に如実に反映されることを述べ，それによる日本の精神疾患にも言及し，それを源泉とした「文化の病」を作り出す〈場〉としても捉えている [河合 1976]。

　片田珠美 [2017] は忖度は日本人の精神構造とも深く結びついていると述べている。現代は「場」の空気を読むことが一層求められる時代に

なった。その理由としては産業構造が第二次産業（製造業）から第三次産業（サービス業）にシフトした現状があり，様々な企業が付帯サービスを提供するようになったことがあげられる。「おもてなし」に代表されるようにきめ細やかな対人サービスを提供するためには，より場の空気を読み，察して動くことが重要になったのである。

　したがって日本における「場」においては集団性の中にある個別性が判別しにくくなると考えられる。このように「場」の中では「場」と自己の一体感を感じやすくなることから，「場」は我々の自己のありようにも大きな影響を与えると考えられる。

　齋藤慶典［2009］は測定可能な時間的・空間的世界を「状態」，「状態」から離脱した事態を「瞬間」とした。そして「状態」から離脱した「瞬間」において世界は現象すると論じている。さらに「状態」から離脱する「瞬間」において「時」は生ずる。その動きとしての「時」が「状態」となった時，過去，現在，未来という時系列が分節され，また区間という広がりが生じて私たちの人間的秩序が構成される，と世界のありようを説明している。このように世界は「状態」から離脱した「瞬間」において現象し，その世界の現象をもたらす充満が「空」であると斎藤は結論付けている。このように，現象するものと受け取る何らかの存在，そして「空」の「状態」から離脱するための「瞬間」が起きるところがまさに「場」といえるのではないだろうか。

　経営学においては，組織における知識創造に焦点を当てた「場」の理論が注目されるようになった。野中［2002］は知識は個人の内に能力として蓄えられているが，特定の時間，場所，他者との関係性などの文脈や状況のなかで発揮されるとともにその正当性が他者にも確認され，修正されるため，知は具体的な文脈のなかの行動や話のプロセスのなかでしか現れないことから，共有された動的文脈（shared context-in-motion）

を場と定義した。そして2016年には知識創造を促進する場を「共有された動く文脈」と定義し，本質を相互主観性であるとして知識は個と個の関係性から生まれてくると述べている。伊丹［2005］は，「場」とは人々がそこに参加し，意識・無意識のうちに相互観察し，コミュニケーションを行い，相互に理解し，相互に働きかけ合い，相互に心理的刺激をする，その状況の枠組み＝相互作用の「いれもの」のことであると定義した。「場」の4つの基本要素，① アジェンダ (情報は何に関するものか)，② 解釈コード (情報はどう解釈すべきか)，③ 情報のキャリア (情報を伝えている媒体)，④ 連帯欲求，をメンバーが共有することが必要であり，その結果様々な様式による密度の高い情報的相互作用が継続的に生まれると説明している。

　このように知識創造の「場」についても人や情報の相互作用と暗黙知，ないし意識に上らないものによる関係性が含まれていることが言及されるようになってきた。この議論に対して露木が現象学の立場からさらに詳しく論じている。露木［2019］は，場を「絶対多様性をもつ個が自立的かつ自律的に振る舞いながら，それぞれの個の意識的な相互作用 (能動的志向性による相互主観性) と無意識的な相互作用 (受動的志向性による間身体性) の働きによって，個の存在基盤である場所における拘束条件を自己組織的に生成し個の振る舞いの範囲を絞っていく意味づけられた時空間である」と考え，「(人間の) 相互主観的 (意識) と間身体的 (無意識) による関係性において意味づけられた時空間」と定義してモデル化を試みている。

　また場の中では情動や感情の力が大きな影響を与えている。日本人の察する，忖度する行為もこの情動的コミュニケーションによるものである。河合のいうところの「言語化しがたい感情的統合」もまさにこれに限りなく近いものであると思われる。

　以上のことから，「場」は物理的な物だけではなく，時間や心理的空間をも包括しているものであることに異論はない。加えて日本の「場」は様々な物を包括する「関係性」に限りなく近いものであるため，場は個人の行動原理や自己のあり方に大きな影響を与えていると考えられる。そしてその大きな影響を与えるものは河合や露木の言うところの「言語化されない情動的コミュニケーション」によるものである。そしてこの場の存在を私たちが感じるためには身体というものを通して感じることから始まる。斎藤が「世界が現象する」ことの例として，何かが「見える」ためには，網膜が反射光線の行く手を遮らなくてはならず，何かが「聴こえる」ためには，鼓膜が大気の震動の前に立ちはだからなければならないと説明しているように，「場」を感じるためにはまず身体的感覚が優先される。そしてそれは何かの衝突によって現れてくるということは，何らかとの関係性が生じた時であるといえる。メルロ・ポンティは身体が働く世界，「生きられた世界」と論じたように「場」は間身体性をもって感覚を通じることで，最終的に言葉として置き換えられるものである。

　そしてこれは「場の空気」「場の雰囲気」「場が湧く」「場がしらける」などに通じていくものであると考える。そして言語になる前の身体性より感じられるものである。「場」にいられなくなる病を「適応障害」というように，その場にいなければ元気であるのに，その場に行くと途端に様々な身体症状が起こってくる。頭痛，腹痛，震え，チック，など体が「場」に適応できなくなる。「場」が病気をもつくり出す時代となってきている。一方同じ場にいてもやる気が出たり，場が人を育てたりすることもある。このように「場」は個にも大きな影響を与えるものであり，様々なもの，個（意識・無意識・身体など），ことや文化，空間や時間軸などを含みながら時には同じ「場」という一体感を感じたり，時には

「場」からの疎外感を感じたりするなどの相反するものであり，様々な矛盾を抱え込むものでもある。

　したがってここでは「場」を「人と物の能動と受動が絡み合う中で間主観性と間身体性を通じて，感覚的・感情的に共有される多元多層的で可変的な社会的時空間」と考える。

（2）場の自己組織化とは

　自己組織化とは「自律的に秩序を持つ構造を作り出す現象」である。自己組織化は，宇宙や生物，化学などの物理的システムから社会や文化まで，この複雑な世界のあらゆるレベルのところで起こっており，それぞれの時間軸にそって発展して新たな規則性を生み出す。

　自己組織化を引き起こす原理を明らかにしたのが，散逸構造論を提唱した物理学者・化学者のイリヤ・プリコジンである。彼は，「静的」な秩序化を「平衡系」，「動的」な秩序化が起こる非平衡開放系を「散逸系」と分けて，前者の秩序化を「自己集合」後者の秩序形成を「自己組織化」と定義した。さらに自己組織化の必要条件として「外部との開放性」「非均衡」「ポジティブフィードバック」の3つを挙げた。「外部との開放性」は外部との相互作用である。「非均衡」とは「ゆらぎからの秩序」のことを指す。これは均衡ではない状態では全体の規則性から逸脱する不安定なゆらぎが増幅することをいい，これがある臨界点を超えると諸要因の総和以上の新しい構造や形態が出現する。「ポジティブフィードバック」とは外部との開放性，あるいは非均衡がある中で起こる循環であり，自己組織化につながっていく重要な働きを持つ。プリコジンはこの3条件が揃うことで，自己組織化を通してより効率的に自由エネルギーを吸収し，散逸させる構造ができていくと説明している。

　近年ではこの自己組織化のメカニズムを社会システムに適用しようと

する研究も多く見られる。

　経済学者のフリードリッヒ・ハイエク［1978＝1987］は，慣習や規範や制度など多くの社会秩序は人々が思うままに行う遂行行為から自発的に生成されたものであることから，社会秩序は原則として，合理的に設計され管理されるものではなく，人々の迷惑行為から形成されることを重視すべきであると述べている。

　さらに経済学者のポール・クルーグマン［Krugman 1996＝2009］は自己組織化を経済学に取り入れている。彼は「不安定から生じる要素」「ランダムな成長から生じる秩序」の2つの原理をあげている。そしてこれは外部からの投入物に応じて形成されるのではなく，主として内的に形成されるものであり，空間のみならず時間にも応用可能であると述べている。昨今ではボランティア活動やNPO（非営利組織），NGO（非政府組織）による活動が活発になってきたが，これらは市民の自発的な意思によって行われる活動である。したがって富裕層が余暇として取り組む活動とは異なり，市民の関心がいかに生きるかという自己の存在価値に重心が置かれるようになったことから発生した活動である。阪神淡路大震災や東日本大震災の中で高まったボランティア活動は自己組織的な活動の一例であるといえる。このように支援的システムが自発的に起こることも，社会の自己組織化であるととらえることができる。

　今田高俊［1986］は，「ルーチン化の優位する慣習的行為が自己抑制の優位する合理的行為によって問われ，そして自省的行為が今度はルーチン化の優位する慣習的行為に立ち返るモデル（p. 275）」を提唱して，散逸構造などがゆらぎを通して自己組織化することに注目している。

　小林［2008：147］は，自己組織化は無数の要因が相互作用することによって，自発的に新しい秩序が形成されること，そしてこれは外部からの投入物に応じて形成されるのではなく主として内的に形成されるもの

であり，空間のみならず時間にも応用可能であると述べている。このように様々な相互作用を引き起こす事物や空時間も包含している「場」はその内部の揺らぎにより自己組織化が促されるのである。

　以上のことから本章では，場の自己組織化とは「開放性・非均衡・ポジティブフィードバックによって，秩序が自ら螺旋的に再構成されることで，内部のあらゆる関係性が共通感覚によって質的変容が起こること」と定義する。したがって場の自己組織化が起こることで，間身体性や身体感覚を通じて感知できる相対的で可変的な時空間が変容することから，場の変容が場にいるものに新たな影響を与え，あらたな変容を引き起こすことになる。

（3）場の自己組織化と共通感覚

　清水［1999 b］は「場」について，そこの場に含まれる者が，情報を通じて場所の状態を感じ取ることで，その存在と性質を認識することができるものであると説明をしている。特に日本においては「場」のなかで構造化された関係性が重要視され，自己の在り方にも多大な影響を与えることは前に述べた通りである。

　「場」は「人と物の能動と受動が絡み合う中で間主観性と間身体性を通じて，感覚的・感情的に共有される多元多層的で可変的な社会的時空間」である。そして自己組織化が促されることで，様々な主体や客体の出入りやゆらぎがおこり，ポジティブフィードバックをしながら意味の再構成をらせん状に繰り返していく。しかしその再構成された場のありようは場に含まれた全ての人にとって必ずしもよい再構成であるとは限らない。例えば渋滞や金融危機のような好ましくない自己崩壊現象も自己組織化の一例である。自己組織化が働く場は，再構成の結果として様々な場のありようを創り出す。そのため「場」の自己組織化が働くことで，

人々の関係性や場の在りようが変容し，それが自分自身の感情や感覚に影響を与えていく。特にその場に含まれる供給者や消費者たちにとっての「場」が，どのように再構成されてどのような意味が出来上がるのかは重大なことである。ではこの場の自己組織化において，自己崩壊現象ではない方向へ意味の再構成をしていくポジティブフィードバックになる為にはどのような要因が必要であろうか。

　カント［1784：21］は，人間には社会をつくろうとする社交性が備わっているが，同時にまた社会のなかで孤立したいという非社交性ももつ人間のアンビバレントな面について「非社交的社交性」と名付けた。また趣味判断（物事の味わいや情趣を感じ取る能力）は主観的感情という地盤と普遍的同意への要求という相反性の中でゆらいでいるとし，主観的普遍性を有するために「共通感覚」を見出した［1790］。城戸［2021：19］は「カントの共通感覚は，自律的な趣味を持つ複数の人間が共に生きて語り合う共同性の次元を描き出す。（中略）共通感覚とはきっと同じはずだから試してみようと背中を押す理念である」と論じている。

　中村［2000：7］は「共通感覚」を「諸感覚（センス）に相わたって共通（コモン）で，しかもそれらを統合する感覚，私たち人間のいわゆる五感に相わたりつつそれらを統合して働く総合的で全体的な感得力」と述べ，いわば五感を貫き，それらを統合する根源的な感覚であると説明している。

　これらのことから，感覚的・感情的に共有される多元多層的で可変的な社会的時空間の中にある多様性や揺らぎを統合するためには，根源的感覚としての「共通感覚」が必要であると考えられる。

　城戸［2021：20］はカントの共通感覚について「共通感覚とは，人間として共同的に生きるための超越論的条件に名を与えたにすぎない。趣味が悪いといって，一緒に暮らす愛犬を軽蔑する人はいない。趣味の悪

さを蔑むのは，やはり同じ人間としてこの美しさがわかるはずだと思っているからである。共通感覚が支えるのは，このような共同的人間の基礎的な自己信頼感である」と示唆している。自己信頼感とは自分の感覚を大切にすることである。このことから自己組織化を促す場において「共通感覚」が感じられる場であるほど，その場に含まれる人々は信頼感を感じやすくなると考えられる。

3　働く「場」とパンデミック

（1）働く「場」の変容

　ここでは「パンデミック」が私たちの働く「場」にどのような影響を与えたかについて論じることにする。パンデミックを場の自己組織化から説明すると「コロナ以前の人間の通常生活はコロナウィルスにとって開放的であり，あらゆる場に入り込むことができることから，通常生活で共存することは人間とウィルスの非均衡を引き起こす。したがってポジティブフィードバックによって，秩序が自ら螺旋的に再構成されることで，内部のあらゆる関係性が共通感覚（コロナウィルスに罹患しないためのニューノーマル）によって質的変容が起こる」と考えられるだろう。

　西川 [2020] は，働く「場」の居心地に影響を与える要因についてインターネット調査を用いた定量調査による検討を行っている。この中で働く場の居心地の良さを感じる要因について，「その場にいると安心する」「良い方向に循環している」「風通しの良い雰囲気がある」「行動の自由（飲食やトイレ・雑談・休息のタイミングなど）がある」の4項目が大きく寄与していることを明らかにしている。そしてこの条件がそろえば，ネガティブな人間関係の要因の影響が緩和される可能性が高いということを述べ，居心地の良さを感じる要因に自己組織化の要素（外部との開放

性，非均衡，ポジティブフィードバック）の存在について述べている。更に
ここでパンデミック前の2019年とパンデミック後の2020年におけるオ
フィスと自宅での働く場の居心地についても検討している。これをもと
にパンデミックと場について考察したい。

　ここでの定量調査はインターネット調査方式で行い，調査実施機関に
依頼して実施した。

　　① 調査地域：東京都，愛知県，大阪府
　　② 対象者条件：実際にオフィス，又は自宅で働いていた20歳〜69
　　　歳の男女で，会社員（契約，派遣，一般，管理職含む）
　　③ 対象サンプル　東京都 248人（40.3%），愛知県 186人（30.2%），
　　　大阪府 182人（29.5%）合計 616人（100.0%）
　　④ 調査期間　2020/07/15 − 2020/07/17
　　⑤ 調査方法　（株）インテージモニターによるインターネット調査

　調査項目は「2019年，2020年の働く「場」としてのオフィス及び自宅
の居心地の評価と対象者属性評」および「2019年，2020年の働く場とし
てのオフィスの居心地及び自宅の居心地と各特性評価」として，2019年
3月1日から6月30日までの期間と2020年3月1日から6月30日までの
期間で，実際にオフィス，自宅で働いたことがある人を対象に，働く場
としてのオフィスの居心地，および働く場としての自宅の居心地を「全
くよくない（0）から非常によい（6）」の7段階に設定をした。次に
対象者属性として，ａ．性別，ｂ．年代と性別，ｃ．職業（役職），ｄ．
地域，とした。

　次に2019年3月1日から6月30日までの期間と2020年3月1日から6
月30日までの期間で，働く場としてのオフィスの居心地，および働く場

としての自宅の居心地と，働く場としてのオフィス，および働く場として
の自宅でのどのように思うかについて14項目の特性を取り上げ，各項
目ごとに，「全くそう思わない（0）」から「非常にそう思う（6）まで」
の7段階評価として調査した。この14項目は場の居心地の良さを作り出
す要因として影響を与るものであり，「場」の自己組織化を促す要因で
あると仮定したものである。高得点であれば「場」が居心地よくなるた
めの要因として働き，低得点であれば「場」は居心地が悪くなるための
要因として働くと想定した。オフィスの居心地については，集計時に「全
くよくない」と「よくない」の項目を「よくない」とし，「よい」と「非
常によい」を「よい」をまとめた。14項目の内容は，① 服装の自由が
ある，② 自分の携帯電話・PC・タブレットなどを使用する自由がある，
③ 行動の自由（飲食やトイレ・雑談・休息のタイミングなど）がある，④ 苦
手な人はいない，⑤ 音は静かだ，⑥ 周りからの視線を感じることはな
い，⑦ パソコンに管理されていない，⑧ 仲間との連帯感がある，⑨ 競
い合う環境がある，⑩ その場にいると安心する，⑪ 仕事中の自分とプ
ライベートタイムの自分は同じだ，⑫ 風通しの良い雰囲気がある，⑬
良い方向に循環している，⑭ 多様性がある，とした（以後，「14項目」と
記す）。また居心地の良さに影響があると考えられる自己組織化の3条
件について，「外部との開放性」を，⑫ 風通しの良い雰囲気がある，「ポ
ジティブフィードバック」を，⑬ 良い方向に循環している，「非均衡」
を，⑭ 多様性がある，として14項目に加えた。

（2）2019年，2020年における働く場としてのオフィスの居心地と14
　　 項目の特性評価，および2019年，2020年働く場としての自宅の
　　 居心地と14項目の特性評価定量調査結果

1）2019年働く場としてのオフィスの居心地と各特性評価

2019年働く「場」としてのオフィスの居心地の評価は平均値が3.5で
あった（表2-1）。

性別においてオフィスの居心地の評価平均は（3.5）男性（3.6）と女性
（3.4）であり男性の方がオフィスの居心地がよいという結果になったが，
有意差はそれほど認められなかった。

年代と性別によるオフィスの居心地の評価平均は（3.5）で30代男性と
60代男性（3.9）が一番高く，次に20代と50代の男性（3.6）が高かった。
平均値が低かったのは40代男性（3.1）で次が60代女性（3.2）であった。

職業（役職）においてオフィスの居心地の評価平均は（3.5）会社員（一
般社員）（3.5），会社員（契約／派遣／嘱託）（3.4）と会社員（係長クラス）（3.1），
会社員（課長クラス）（3.9），会社員（部長クラス／役員／経営者）（3.8）であっ
た。それぞれ t 検定を行うと，会社員（一般社員）（3.5）と会社員（課長
クラス）（3.9）の t 検定の結果は t 値＝2.29，$p<.05$となり，95％水準の
有意差が見られた。会社員（係長クラス）（2.8）と会社員（課長クラス）（4.2）
の t 検定の結果は t（89）＝2.77，$p<.01$となり，99％水準の有意差が
見られた。会社員（係長クラス）（2.8），（部長クラス／役員／経営者）（3.8）
の t 検定の結果は t 値＝2.03，$p<.05$となり，95％水準の有意差が見ら
れた。これらの結果より管理職は働く場としてオフィスの居心地が良い
と感じていることが分かった。

地域においてオフィスの居心地の評価平均は（3.5）で東京（3.6），愛
知（3.6），大阪（3.3）であり，東京都，愛知は大阪府に比べてオフィス
の居心地のよさを感じる人が多いという結果になった（表2-1）。地域

表2-1　働く「場」としてのオフィスの居心地の評価と属性 (2019年)

a．性別

		0	1	2	3	4	5	6	7	8
1段目　度数 2段目　横%		TOTAL	全くよくない 0	1	2	3	4	5	非常によい6	平均値
0	TOTAL	542 100.0	29 5.4	14 2.6	62 11.4	172 31.7	135 24.9	74 13.7	56 10.3	3.5
1	男性	277 100.0	11 4.0	8 2.9	32 11.6	86 31.0	71 25.6	40 14.4	29 10.5	3.6
2	女性	265 100.0	18 6.8	6 2.3	30 11.3	86 32.5	64 24.2	34 12.8	27 10.2	3.4

b．年代と性別

		0	1	2	3	4	5	6	7	8
1段目　度数 2段目　横%		TOTAL	全くよくない 0	1	2	3	4	5	非常によい6	平均値
0	TOTAL	542 100.0	29 5.4	14 2.6	62 11.4	172 31.7	135 24.9	74 13.7	56 10.3	3.5
1	男性20−29歳	44 100.0	2 4.5	2 4.5	4 9.1	15 34.1	7 15.9	7 15.9	7 15.9	3.6
2	男性30−39歳	55 100.0	0 0.0	0 0.0	5 9.1	18 38.2	18 17.6	7 12.7	7 12.7	3.9
3	男性40−49歳	70 100.0	7 10.0	3 4.3	8 11.4	24 25.0	18 41.7	8 11.4	2 2.9	3.1
4	男性50−59歳	61 100.0	2 3.3	2 3.3	12 19.7	14 38.7	13 21.3	10 16.4	8 13.1	3.6
5	男性60−69歳	47 100.0	0 0.0	1 2.1	3 6.4	10 32.3	15 31.9	8 17.0	5 10.6	3.9
6	女性20−29歳	44 100.0	3 6.8	0 0.0	7 15.9	14 35.9	13 29.5	5 11.4	4 9.1	3.4
7	女性30−39歳	53 100.0	3 5.7	1 1.9	6 11.3	7 21.2	18 34.0	4 7.5	6 11.3	3.5
8	女性40−49歳	67 100.0	3 4.5	2 3.0	6 9.0	7 25.0	15 22.4	10 14.9	6 9.0	3.5
9	女性50−59歳	61 100.0	5 8.2	3 4.9	5 8.2	12 32.4	10 16.4	10 16.4	9 14.8	3.5
10	女性60−69歳	40 100.0	4 10.0	0 0.0	6 15.0	3 30.0	5 12.5	5 12.5	2 5.0	3.2

c．職業（役職）

		0	1	2	3	4	5	6	7	8
1段目　度数 2段目　横%		TOTAL	全くよくない0	1	2	3	4	5	非常によい6	平均値
0	TOTAL	542 100.0	29 5.4	14 2.6	62 11.4	172 31.7	135 24.9	74 13.7	56 10.3	3.5
1	会社員（一般社員）	355 100.0	19 5.4	10 2.8	42 11.8	117 33.0	90 25.4	41 11.5	36 10.1	3.5
2	会社員（契約・嘱託社員）／会社員（派遣社員）	41 100.0	1 2.4	2 4.9	4 9.8	17 41.5	10 24.4	3 7.3	4 9.8	3.4
3	会社員（係長クラス）	35 100.0	5 14.3	2 5.7	1 2.9	13 37.1	7 20.0	6 17.1	1 2.9	3.1
4	会社員（課長クラス）	56 100.0	1 1.8	0 0.0	8 14.3	9 16.1	20 35.7	11 19.6	7 12.5	3.9
5	会社員（部長クラス／役員／経営者	55 100.0	3 5.5	0 0.0	7 12.7	16 29.1	8 14.5	13 23.6	8 14.5	3.8

d．地域

		0	1	2	3	4	5	6	7	8
1段目　度数 2段目　横%		TOTAL	全くよくない0	1	2	3	4	5	非常によい6	平均値
0	TOTAL	542 100.0	29 5.4	14 2.6	62 11.4	172 31.7	135 24.9	74 13.7	56 10.3	3.5
1	東京都	219 100.0	12 5.5	6 2.7	16 7.3	70 32.0	62 28.3	31 14.2	22 10.0	3.6
2	愛知県	164 100.0	7 4.3	3 1.8	19 11.6	50 30.5	43 26.2	25 15.2	17 10.4	3.6
3	大阪府	159 100.0	10 6.3	5 3.1	27 17.0	52 32.7	30 18.9	18 11.3	17 10.7	3.3

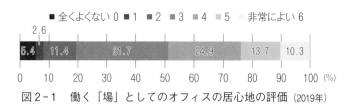

■ 全くよくない0 ■1 ■2 ■3 ■4 ■5 非常によい6

2.6

5.4　11.4　31.7　24.9　13.7　10.3

0　10　20　30　40　50　60　70　80　90　100 (%)

図2-1　働く「場」としてのオフィスの居心地の評価（2019年）

表2-2　働く「場」としてのオフィスの居心地の重回帰分析（2019年）

係数[a]

モデル		非標準化係数		標準化係数	t 値	有意確率
		B	標準誤差	ベータ		
4	（定数）	.929	.184		5.049	.000
	Q5_13	.242	.046	.238	5.247	.000
	Q5_10	.276	.042	.284	6.656	.000
	Q5_12	.183	.042	.187	4.348	.000
	Q5_3	.149	.035	.148	4.244	.000

a．従属変数 Q4　働く「場」としてのオフィスの居心地（2019）

決定係数

モデル	R	R 2乗	調整済みR 2乗	推定値の標準誤差
4	.693[d]	.480	.476	1.067

d．予測値：(定数)，Q5_13，Q5_10，Q5_12，Q5_3。

分散分析[a]

モデル		平方和	自由度	平均平方	F 値	有意確率
4	回帰	564.369	4	141.092	123.981	.000[e]
	残差	611.114	537	1.138		
	合計	1175.483	541			

a．従属変数 Q4　働く「場」としてのオフィスの居心地（2019）
e．予測値：(定数)，[％1：，Q5_13：

についても有意差はそれほど認められなかった。

　以上のことから働く「場」においてオフィスの居心地の良さについては40代男性を除いた男性はオフィスの居心地は働く場としてよいと思っていることが分かった。女性と比べると男性の方が，40代男性については38.9％が係長であることから，管理職手前の中間にある役職であるため，上司にも部下にも気を遣う事が多いのではないかと思われる。したがってストレスの大きさも居心地に大きく関係してくるのではないかと

推測される。部長以上になると居心地がかなりよくなることから管理職などの職位も要因となると考えられる。また東京都，愛知県，大阪府においては大阪府のオフィスの居心地が低かった。男女別，地域別では明らかな差が出なかったが，60代男性（3.9）と60代女性（3.2）のｔ検定の結果はｔ（85）＝2.53，$p<.05$となり，95％水準の有意差が見られた。このように性年齢別でみていくと新たに知見が広がる可能性があるため，これは今後の分析対象としていきたいと考える。

　さらに働く場の居心地を目的変数として，14項目の各特性評価を説明変数として重回帰分析（ステップワイズ法）を実施した。この結果，⑬良い方向に循環している，⑩その場にいると安心する，⑫風通しの良い雰囲気がある，③行動の自由（飲食やトイレ・雑談・休息のタイミングなど）がある，の順で居心地に寄与していることが明らかになった（表2-2）。したがって，行動の自由，安心感に加え⑬と⑫は自己組織化を促す条件となることから，場の居心地に自己組織化条件が大きく寄与するということがわかった。

　2）2020年働く場としてのオフィスの居心地と各特性評価

　2020年の働く「場」としてのオフィスの居心地の評価平均は3.3であった（図2-2）。

　性別においてオフィスの居心地の評価平均は（3.3）で男性（3.3）と女性（3.2）であり男性の方がオフィスの居心地がよいという結果になったが，有意差はそれほど認められなかった。

　年代と性別によるオフィスの居心地の評価平均（3.5）は60代男性（3.8）が一番高く，次に20代男性（3.5）と30代男性（3.4）が高かった。平均値が低かったのは40代男性（3.0）と20代女性（3.0）であった。

　職業（役職）においてオフィスの居心地の評価平均（3.3）で会社員（一

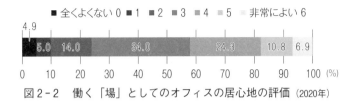

図2-2　働く「場」としてのオフィスの居心地の評価 (2020年)

般社員) (3.2)，会社員 (契約／派遣／嘱託) (3.3) と会社員 (係長クラス) (3.0)
がオフィスの居心地が低く，会社員 (課長クラス) (3.5) 会社員 (部長クラ
ス／役員／経営者) (3.6) は平均より居心地が良いとなっているため，管
理職の方が自宅よりオフィスの居心地がよい感じているという結果に
なった。

　地域においてオフィスの居心地の評価平均は (3.3) で東京 (3.3)，愛
知 (3.3)，大阪 (3.2) であり，東京都，愛知は大阪府に比べてオフィス
の居心地のよさを感じる人が多いという結果になったが，有意差はそれ
ほど認められなかった (表2-3)。

　以上のことから全体を通して20代，30代，60代男性はオフィスの居心
地はよいと思っていることが分かった。女性は一律平均値もしくはそれ
以下であった。パンデミックという危機状況は男性と比較して女性の方
が場の居心地への影響が大きかった。また役職の方がオフィスの居心地
は良いと言う結果より，働く場における役職も居心地に関係があるとい
える。また東京都，愛知県，大阪府において大阪府のオフィスの居心地
が低かった。性別，職業 (役職)，地域ではそれほど大きな有意差は認め
られなかったが，20代女性 (3.0) と60代男性 (3.8) の t 検定の結果は t
(85) ＝2.91，$p<.01$ となり，99％水準の有意差が見られた。そのため
性年齢別でみていくと新たに知見が広がる可能性があるため，今後の分
析対象としていきたいと考える。

　さらに働く場の居心地を目的変数として，14項目の各特性評価を説明

表2-3　働く「場」としてのオフィスの居心地の評価と属性 (2020年)

a．性別

		0	1	2	3	4	5	6	7	8
1段目　度数 2段目　横%		TOTAL	全くよくない 0	1	2	3	4	5	非常によい6	平均値
0	TOTAL	535 100.0	26 4.9	27 5.0	75 14.0	182 34.0	130 24.3	58 10.8	37 6.9	3.3
1	男性	275 100.0	13 4.7	11 4.0	39 14.2	97 35.3	62 22.5	31 11.3	22 8.0	3.3
2	女性	260 100.0	13 5.0	16 6.2	36 13.8	85 32.7	68 26.2	27 10.4	15 5.8	3.2

b．年代と性別

		0	1	2	3	4	5	6	7	8
1段目　度数 2段目　横%		TOTAL	全くよくない 0	1	2	3	4	5	非常によい6	平均値
0	TOTAL	535 100.0	26 4.9	27 5.0	75 14.0	182 34.0	130 24.3	58 10.8	37 6.9	3.3
1	男性20−29歳	44 100.0	1 2.3	3 6.8	6 13.6	15 34.1	8 18.2	6 13.6	5 11.4	3.5
2	男性30−39歳	55 100.0	2 3.6	1 1.8	7 12.7	21 38.2	16 29.1	5 9.1	3 5.5	3.4
3	男性40−49歳	69 100.0	7 10.1	3 4.3	8 11.6	27 39.1	15 21.7	6 8.7	3 4.3	3.0
4	男性50−59歳	62 100.0	3 4.8	3 4.8	14 22.6	17 27.4	13 21.0	7 11.3	5 8.1	3.2
5	男性60−69歳	45 100.0	0 0.0	1 2.2	4 8.9	17 37.8	10 22.2	7 15.6	6 13.3	3.8
6	女性20−29歳	42 100.0	3 7.1	3 7.1	8 19.0	10 23.8	14 33.3	4 9.5	0 0.0	3.0
7	女性30−39歳	52 100.0	2 3.8	2 3.8	7 13.5	19 36.5	14 26.9	5 9.6	3 5.8	3.3
8	女性40−49歳	65 100.0	2 3.1	5 7.7	9 13.8	25 38.5	13 20.0	7 10.8	4 6.2	3.2
9	女性50−59歳	60 100.0	4 6.7	3 5.0	8 13.3	18 30.0	16 26.7	6 10.0	5 8.3	3.3
10	女性60−69歳	41 100.0	2 4.9	3 7.3	4 9.8	13 31.7	11 26.8	5 12.2	3 7.3	3.3

c．職業（役職）

		0	1	2	3	4	5	6	7	8
1段目　度数 2段目　横%		TOTAL	全くよくない0	1	2	3	4	5	非常によい6	平均値
0	TOTAL	535 100.0	26 4.9	27 5.0	75 14.0	182 34.0	130 24.3	58 10.8	37 6.9	3.3
1	会社員（一般社員）	350 100.0	18 5.1	20 5.7	46 13.1	123 35.1	87 24.9	36 10.3	20 5.7	3.2
2	会社員（契約・嘱託社員）／会社員（派遣社員）	38 100.0	1 2.6	1 2.6	7 18.4	16 42.1	7 18.4	3 7.9	3 7.9	3.3
3	会社員（係長クラス）	35 100.0	4 11.4	1 2.9	7 20.0	9 25.7	8 22.9	5 14.3	1 2.9	3.0
4	会社員（課長クラス）	56 100.0	1 1.8	3 5.4	9 16.1	18 32.1	12 21.4	6 10.7	7 12.5	3.5
5	会社員（部長クラス／役員／経営者）	56	2	2 100.0	6 3.6	16 3.6	16 10.7	8 28.6	6 28.6	3.6

d．地域

		0	1	2	3	4	5	6	7	8
1段目　度数 2段目　横%		TOTAL	全くよくない0	1	2	3	4	5	非常によい6	平均値
0	TOTAL	535 100.0	26 4.9	27 5.0	75 14.0	182 34.0	130 24.3	58 10.8	37 6.9	3.3
1	東京都	215 100.0	12 5.6	10 4.7	27 12.6	70 32.6	59 27.4	25 11.6	12 5.6	3.3
2	愛知県	163 100.0	7 4.3	6 3.7	23 14.1	56 34.4	43 26.4	17 10.4	11 6.7	3.3
3	大阪府	157 100.0	7 4.5	11 7.0	25 15.9	56 35.7	28 17.8	16 10.2	14 8.9	3.2

変数として重回帰分析（ステップワイズ法）を実施した。この結果，⑬良い方向に循環している，⑫風通しの良い雰囲気がある，⑩その場にいると安心する，の順で居心地に寄与していることが明らかになった（表2-4）。⑫⑬は自己組織化を促す条件となることから，場の居心地に自己組織化条件が大きく寄与するということがわかった。

表2-4　働く「場」としてのオフィスの居心地の重回帰分析 (2020年) 2－1

係数[a]

モデル		非標準化係数		標準化係数	t 値	有意確率
		B	標準誤差	ベータ		
8	(定数)	.463	.157		2.951	.003
	Q7_13	.242	.044	.254	5.512	.000
	Q7_12	.197	.041	.210	4.853	.000
	Q7_10	.196	.039	.216	5.009	.000
	Q7_3	.090	.034	.091	2.646	.008
	Q7_5	.081	.029	.086	2.802	.005
	Q7_2	.097	.029	.115	3.341	.001
	Q7_4	.067	.030	.081	2.216	.027
	Q7_1	−.050	.023	−.064	−2.125	.034

a．従属変数 Q6　働く「場」としてのオフィスの居心地 (2020)

決定係数

モデル	R	R 2 乗	調整済みR 2 乗	推定値の標準誤差
8	.796[h]	.634	.628	.863

h．予測値：(定数)，Q7_13，Q7_12，Q7_10，Q7_3，Q7_5，Q7_2，Q7_4，Q7_1。

分散分析[a]

モデル		平方和	自由度	平均平方	F 値	有意確率
8	回帰	678.071	8	84.759	113.770	.000[i]
	残差	391.873	526	.745		
	合計	1069.944	534			

a．従属変数 Q6　働く「場」としてのオフィスの居心地 (2020)
i．予測値：(定数)，[% 1 :，Q7_13：

3) 2019年自宅の居心地と各特性評価

2019年の働く場としての自宅の居心地の平均は3.7であった (図2-3)。

性別において自宅の居心地の評価平均は (3.7) 男性 (3.7) と女性 (3.7) でありどちらもおなじという結果になった。

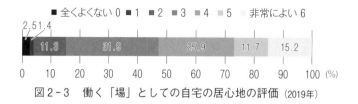

図2-3　働く「場」としての自宅の居心地の評価 (2019年)

　年代と性別による自宅の居心地の評価平均 (3.7) は60代男性 (4.1) で一番居心地よいと感じており，次に50代女性 (4.0) で20代男性 (3.9) と続き，50代男性と60代女性 (3.8) の順で居心地が良いという結果となった。平均値が低かったのは30代，40代男性 (3.5) と20代，30代，40代女性 (3.6) であった。

　職業 (役職) において自宅の居心地の評価平均は (3.7) で会社員 (一般社員) (3.6)，会社員 (契約／派遣／嘱託) (4.0) と会社員 (係長クラス) (2.8)，会社員 (課長クラス) (4.2)，会社員 (部長クラス／役員／経営者) (4.2) であった。それぞれ t 検定を行うと，会社員 (一般社員) (3.6) と会社員 (係長クラス) (2.8) の t 検定の結果は t 値＝2.49，$p < .05$となり，95％水準の有意差が見られた。会社員 (一般社員) (3.6) と会社員 (課長クラス) (4.2) の t 検定の結果は t 値＝2.42，$p < .05$となり，95％水準の有意差が見られた。会社員 (一般社員) (3.6) と会社員 (部長クラス／役員／経営者) (4.2) の t 検定の結果は t 値＝2.32，$p < .05$となり，95％水準の有意差が見られた。会社員 (契約／派遣／嘱託) (4.0) と会社員 (係長クラス) (2.8) の t 検定の結果は t 値＝2.46，$p < .05$となり，95％水準の有意差が見られた。会社員 (係長クラス) (2.8) と会社員 (課長クラス) (4.2) の t 検定の結果は t 値＝3.80，$p < .01$となり，99％水準の有意差が見られた。会社員 (係長クラス) (2.8) と会社員 (部長クラス／役員／経営者) (4.2) の t 検定の結果は t 値＝3.83，$p < .01$となり，99％水準の有意差が見られた。この結果から係長はどの職位の人よりも働く場として自宅の居心地がよくない

表2-5　働く「場」としての自宅の居心地の評価 (2019年)

a．性別

		0	1	2	3	4	5	6	7	8
1段目　度数 2段目　横%		TOTAL	全くよくない0	1	2	3	4	5	非常によい6	平均値
0	TOTAL	282 100.0	7 2.5	4 1.4	32 11.3	90 31.9	73 25.9	33 11.7	43 15.2	3.7
1	男性	165 100.0	3 1.8	4 2.4	14 8.5	56 33.9	46 27.9	19 11.5	23 13.9	3.7
2	女性	117 100.0	4 3.4	0 0.0	18 15.4	34 29.1	27 23.1	14 12.0	20 17.1	3.7

b．年代と性別

		0	1	2	3	4	5	6	7	8
1段目　度数 2段目　横%		TOTAL	全くよくない0	1	2	3	4	5	非常によい6	平均値
0	TOTAL	282 100.0	7 2.5	4 1.4	32 11.3	90 31.9	73 25.9	33 11.7	43 15.2	3.7
1	男性20-29歳	25 100.0	0 0.0	1 4.0	1 4.0	9 36.0	6 24.0	4 16.0	4 16.0	3.9
2	男性30-39歳	40 100.0	1 2.5	0 0.0	7 17.5	15 37.5	9 22.5	4 10.0	4 10.0	3.5
3	男性40-49歳	31 100.0	2 6.5	1 3.2	3 9.7	11 35.5	7 22.6	2 6.5	5 16.1	3.5
4	男性50-59歳	41 100.0	0 0.0	1 2.4	2 4.9	11 26.8	19 46.3	5 12.2	3 7.3	3.8
5	男性60-69歳	28 100.0	0 0.0	1 3.6	1 3.6	10 35.7	5 17.9	4 14.3	7 25.0	4.1
6	女性20-29歳	17 100.0	0 0.0	0 0.0	4 23.5	5 29.4	3 17.6	4 23.5	1 5.9	3.6
7	女性30-39歳	31 100.0	1 3.2	0 0.0	4 12.9	11 35.5	8 25.8	2 6.5	5 16.1	3.6
8	女性40-49歳	28 100.0	2 7.1	0 0.0	4 14.3	9 32.1	5 17.9	2 7.1	6 21.4	3.6
9	女性50-59歳	27 100.0	1 3.7	0 0.0	4 14.8	4 14.8	8 29.6	4 14.8	6 22.2	4.0
10	女性60-69歳	14 100.0	0 0.0	0 0.0	2 14.3	5 35.7	3 21.4	2 14.3	2 14.3	3.8

c．職業（役職）

		0	1	2	3	4	5	6	7	8
1段目　度数 2段目　横%		TOTAL	全くよくない0	1	2	3	4	5	非常によい6	平均値
0	TOTAL	282 100.0	7 2.5	4 1.4	32 11.3	90 31.9	73 25.9	33 11.7	43 15.2	3.7
1	会社員（一般社員）	175 100.0	4 2.3	3 1.7	24 13.7	59 33.7	43 24.6	19 10.9	23 13.1	3.6
2	会社員（契約・嘱託社員）／会社員（派遣社員）	15 100.0	0 0.0	1 6.7	0 0.0	6 40.0	3 20.0	1 6.7	4 26.7	4.0
3	会社員（係長クラス）	19 100.0	2 10.5	0 0.0	4 21.1	9 47.4	3 15.8	0 0.0	1 5.3	2.8
4	会社員（課長クラス）	37 100.0	1 2.7	0 0.0	0 0.0	9 24.3	15 40.5	3 8.1	9 24.3	4.2
5	会社員（部長クラス／役員／経営者	36 100.0	0 0.0	0 0.0	4 11.1	7 19.4	9 25.0	10 27.8	6 16.7	4.2

d．地域

		0	1	2	3	4	5	6	7	8
1段目　度数 2段目　横%		TOTAL	全くよくない0	1	2	3	4	5	非常によい6	平均値
0	TOTAL	282 100.0	7 2.5	4 1.4	32 11.3	90 31.9	73 25.9	33 11.7	43 15.2	3.7
1	東京都	143 100.0	2 1.4	2 1.4	16 11.2	42 29.4	43 30.1	19 13.3	19 13.3	3.8
2	愛知県	69 100.0	1 1.4	0 0.0	10 14.5	24 34.8	13 18.8	8 11.6	13 18.8	3.8
3	大阪府	70 100.0	4 5.7	2 2.9	6 8.6	24 34.3	17 24.3	6 8.6	11 15.7	3.6

と感じていることと，管理職の方が働く場として自宅の居心地が良いと感じていることが明らかになった。

　地域において自宅の居心地の評価平均は平均（3.7）で東京（3.8），愛知（3.8），大阪（3.6）であり，東京都，愛知は大阪府に比べて自宅の居心地のよさを感じる人が多いという結果になった（表2-5）。しかし性別・地域ではおおきな有意差は見られなかった

　以上の結果から働く「場」において自宅の居心地の良さについては男

80

表2-6　働く「場」としての自宅の居心地の重回帰分析（2019年）

係数ᵃ

モデル		非標準化係数		標準化係数	t 値	有意確率
		B	標準誤差	ベータ		
5	(定数)	1.069	.286		3.734	.000
	Q9_13	.335	.054	.358	6.233	.000
	Q9_10	.264	.056	.274	4.725	.000
	Q9_3	.203	.056	.205	3.659	.000
	Q9_1	−.142	.052	−.144	−2.740	.007
	Q9_12	.119	.048	.128	2.453	.015

a．従属変数 Q8　働く「場」としての自宅の居心地（2019）

決定係数

モデル	R	R 2乗	調整済みR 2乗	推定値の標準誤差
5	.722ᵉ	.521	.512	.978

e．予測値：(定数)，Q9_13，Q9_10，Q9_3，Q9_1，Q9_12。

分散分析ᵃ

モデル		平方和	自由度	平均平方	F 値	有意確率
5	回帰	286.859	5	57.372	59.935	.000ᶠ
	残差	264.195	276	.957		
	合計	551.053	281			

a．従属変数 Q8　働く「場」としての自宅の居心地（2019）
f．予測値：(定数)，[% 1 ：，Q9_13：

　性よりも女性は良いと感じていることがわかった。e．職業（役職）において自宅の居心地が係長はどの役職よりも低いことがわかった。
　さらに働く「場」の居心地を目的変数として，14項目の各特性評価を説明変数として重回帰分析（ステップワイズ法）を実施した。この結果，⑬良い方向に循環している，⑩その場にいると安心する，③行動の自由（飲食やトイレ・雑談・休息のタイミングなど）がある，の順で居心地に寄与していることが明らかになった（表2-6）。そして行動の自由と安心

に加え，⑬は自己組織化を促す条件となることから，場の居心地に自己
組織化条件も大きく寄与するということがわかった。

4）2020年自宅の居心地と各特性評価

　2020年の働く「場」としての自宅の居心地の平均は4.0であった（図
2-4）。

　性別において自宅の居心地の評価平均は（4.0）男性（3.9）と女性（4.1）
であり女性の方が自宅の居心地が良いという結果になった。

　年代と性別による自宅の居心地の評価平均（4.0）で，60代女性（4.3）
が自宅の居心地の良さが一番高く，次に20代女性（4.2）で30代，40代，50
代女性（4.1）であった。居心地の良さが低かったのは40代男性（3.7）と
30代，60代男性（3.5）であった。

　職業（役職）において自宅の居心地の評価平均は（4.0）で，会社員（一
般社員）（4.0），会社員（契約／派遣／嘱託）（3.8）と会社員（係長クラス）（3.1），
会社員（課長クラス）（4.5）会社員（部長クラス／役員／経営者）（4.3）であ
り管理職の方が自宅の居心地がよいという結果になった。また契約・派
遣・嘱託の社員と比べ一般社員は自宅の居心地のよさが低く，この中で
一番低かったのは課長クラスであるという結果になった。それぞれt検
定を行うと，会社員（一般社員）（4.0）と会社員（係長クラス）（3.1）のt
検定の結果はt値＝2.35，$p<.05$となり，95％水準の有意差が見られた。
会社員（一般社員）（4.0）と会社員（課長クラス）（4.5）のt検定の結果は

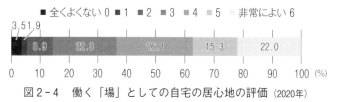

図2-4　働く「場」としての自宅の居心地の評価（2020年）

表 2 - 7　働く「場」としての自宅の居心地の評価と属性 (2020年)

a. 性別

1段目　度数 2段目　横%	0 TOTAL 100.0	1 全くよ くない 0	2 1	3 2	4 3	5 4	6 5	7 非常に よい6	8 平均値
0 TOTAL	314 100.0	11 3.5	6 1.9	28 8.9	70 22.3	82 26.1	48 15.3	69 22.0	4.0
1 男性	183 100.0	8 4.4	4 2.2	15 8.2	44 24.0	49 26.8	27 14.8	36 19.7	3.9
2 女性	131 100.0	3 2.3	2 1.5	13 9.9	26 19.8	33 25.2	21 16.0	33 25.2	4.1

b. 年代と性別

1段目　度数 2段目　横%	0 TOTAL 100.0	1 全くよ くない 0	2 1	3 2	4 3	5 4	6 5	7 非常に よい6	8 平均値
0 TOTAL	314 100.0	11 3.5	6 1.9	28 8.9	70 22.3	82 26.1	48 15.3	69 22.0	4.0
1 男性20－29歳	30 100.0	1 3.3	0 0.0	2 6.7	9 30.0	8 26.7	4 13.3	6 20.0	4.0
2 男性30－39歳	45 100.0	1 2.2	0 0.0	6 13.3	12 26.7	10 22.2	7 15.6	9 20.0	3.9
3 男性40－49歳	34 100.0	3 8.8	1 2.9	2 5.9	8 23.5	10 29.4	3 8.8	7 20.6	3.7
4 男性50－59歳	42 100.0	1 2.4	3 7.1	2 4.8	8 19.0	12 28.6	8 19.0	8 19.0	4.0
5 男性60－69歳	32 100.0	2 6.3	0 0.0	3 9.4	7 21.9	9 28.1	5 15.6	6 18.8	3.9
6 女性20－29歳	22 100.0	0 0.0	0 0.0	3 13.6	3 13.6	7 31.8	4 18.2	5 22.7	4.2
7 女性30－39歳	33 100.0	1 3.0	0 0.0	3 9.1	7 21.2	11 33.3	2 6.1	9 27.3	4.1
8 女性40－49歳	32 100.0	1 3.1	0 0.0	5 15.6	6 18.8	5 15.6	8 25.0	7 21.9	4.1
9 女性50－59歳	29 100.0	1 3.4	2 6.9	0 0.0	6 20.7	8 27.6	5 17.2	7 24.1	4.1
10 女性60－69歳	15 100.0	0 0.0	0 0.0	2 13.3	4 26.7	2 13.3	2 13.3	5 33.3	4.3

c．職業（役職）

		0	1	2	3	4	5	6	7	8
	1段目　度数 2段目　横％	TOTAL	全くよくない 0	1	2	3	4	5	非常によい6	平均値
0	TOTAL	314 100.0	11 3.5	6 1.9	28 8.9	70 22.3	82 26.1	48 15.3	69 22.0	4.0
1	会社員（一般社員）	199 100.0	5 2.5	4 2.0	17 8.5	54 27.1	50 25.1	27 13.6	42 21.1	4.0
2	会社員（契約・嘱託社員）／会社員（派遣社員）	20 100.0	2 10.0	0 0.0	3 15.0	2 10.0	6 30.0	2 10.0	5 25.0	3.8
3	会社員（係長クラス）	21 100.0	3 14.3	0 0.0	5 23.8	1 4.8	8 38.1	3 14.3	1 4.8	3.1
4	会社員（課長クラス）	37 100.0	1 2.7	1 2.7	1 2.7	4 10.8	11 29.7	7 18.9	12 32.4	4.5
5	会社員（部長クラス／役員／経営者）	37 100.0	0 0.0	1 2.7	2 5.4	9 24.3	7 18.9	9 24.3	9 24.3	4.3

d．地域

		0	1	2	3	4	5	6	7	8
	1段目　度数 2段目　横％	TOTAL	全くよくない 0	1	2	3	4	5	非常によい6	平均値
0	TOTAL	314 100.0	11 3.5	6 1.9	28 8.9	70 22.3	82 26.1	48 15.3	69 22.0	4.0
1	東京都	157 100.0	3 1.9	0 0.0	9 5.7	40 25.5	46 29.3	28 17.8	31 19.7	4.1
2	愛知県	79 100.0	4 5.1	3 3.8	9 11.4	13 16.5	19 24.1	12 15.2	19 24.1	3.9
3	大阪府	78 100.0	4 5.1	3 3.8	10 12.8	17 21.8	17 21.8	8 10.3	19 24.4	3.8

t 値＝2.01，$p<.05$となり，95％水準の有意差が見られた。会社員（係長クラス）（3.1）と会社員（部長クラス／役員／経営者）（4.3）の t 検定の結果は t 値＝3.11，$p<.01$となり，99％水準の有意差が見られた。

　この結果から管理職外の役職より管理職の方が自宅の居心地がよいと感じていること，係長は一般職員や管理職よりも自宅の居心地は良くないと感じていることが分かった。

　地域において自宅の居心地の評価平均は平均（4.0）で東京（4.1），愛

表2-8　働く「場」としての自宅の居心地の重回帰分析 (2020年)

係数[a]

モデル		非標準化係数		標準化係数	t 値	有意確率
		B	標準誤差	ベータ		
3	(定数)	.904	.240		3.765	.000
	Q11_5	.351	.046	.377	7.703	.000
	Q11_13	.277	.050	.270	5.581	.000
	Q11_10	.218	.050	.218	4.350	.000

a. 従属変数 Q10　働く「場」としての自宅の居心地 (2020)

決定係数

モデル	R	R 2 乗	調整済みR 2 乗	推定値の標準誤差
3	.712[c]	.508	.503	1.081

c. 予測値：(定数), Q11_5, Q11_13, Q11_10。

分散分析[a]

モデル		平方和	自由度	平均平方	F 値	有意確率
3	回帰	373.543	3	124.514	106.498	.000[d]
	残差	362.444	310	1.169		
	合計	735.987	313			

a. 従属変数 Q10
d. 予測値：(定数), [% 1 ：, Q11_5：

　知 (3.9)，大阪 (3.8) であり，東京はそのほかの地域に比べて自宅の居心地のよさが高いという結果になった (表2-7)。性別と地域では大きな有意差が認められなかった。

　以上の結果から e. 職業 (役職) において。e. 職業 (役職) において自宅の居心地が係長は一般や管理職よりも低かったということが明らかになった。

　さらに働く「場」の居心地を目的変数として，14項目の各特性評価を説明変数として重回帰分析 (ステップワイズ法) を実施した。この結果，

⑤ 音は静かだ，⑬ 良い方向に循環している，⑩ その場にいると安心する，の順で居心地に寄与していることが明らかになった（表2-8）。したがって，音，場の安心感，そして良い方向に循環していること（自己組織化を促す条件）が自宅の「場」の居心地に大きく寄与しており，パンデミックという社会現象が居心地の要因にも影響を及ぼすことがわかった。

5）2019年，2020年の働く「場」としてのオフィスの居心地及び2020年の自宅の居心地と各特性評価の考察

　働く「場」としてのオフィスの居心地の良さについては，2019年オフィスの居心地の良さは平均値3.5（n＝542）と2020年オフィスの居心地の良さ平均値3.3（n＝535）を比べると2020年は平均値が0.2低くなっている。このt検定の結果はt値＝4.12，$p<.01$となり，99％水準の有意差が見られた。したがってパンデミックによってオフィスの居心地の良さが下がったということが明らかになった。

　また働く「場」としての自宅の居心地の良さについては，2019年自宅の居心地の良さ平均値3.7（n＝282）と2020年自宅の居心地の良さ平均値4.0（n＝314）を比べると2020年は平均値が0.3高くなっている。このt検定の結果はt値＝4.49，$p<.01$となり，99％水準の有意差が見られた。したがってパンデミックによって自宅の居心地の良さが上がったということが明らかとなり，パンデミックは働く「場」の居心地に大きく影響しているということが明らかとなった（図2-5）。このことからパンデミックという社会的要因は私たちの働く「場」を大きく揺さぶり，これまでの職場の常識や在り方を大きく変化させるものであったことが証明された。働く「場」としてのオフィスの居心地はパンデミック後に下がり，働く「場」としての自宅の居心地はパンデミック後に上がって

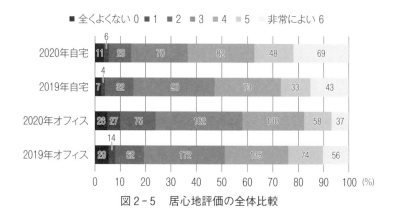

図2-5　居心地評価の全体比較

いる。これについては次の「オフィスと自宅の「場」の相対比較評価」
のところで合わせて詳しく論じたい。

　次に14項目について働く「場」の居心地を目的変数として，14の各特
性評価を説明変数として重回帰分析（ステップワイズ法）を実施した。そ
の結果から，働く「場」としてのオフィスの居心地において2019年，2020
年に共通してウェイト値が高かったのは，⑩ その場にいると安心する，
⑬ 良い方向に循環している，③ 行動の自由（飲食やトイレ・雑談・休息の
タイミングなど）がある，この3項目であった。また働く「場」としての
自宅の居心地において2019年，2020年に共通してウェイト値が高かった
のは，⑩ その場にいると安心する，⑬ 良い方向に循環している，の2
項目であった。そして働く「場」としてのオフィス・自宅の居心地全体
において共通してウェイト値が高かったのは，⑩ その場にいると安心
する，⑬ 良い方向に循環している，の2項目であった。したがってこ
の2項目は「場所」や「パンデミック」という予想外の出来事があって
も変わらず共通して「場」の居心地のよさに関係する要因だと思われる。
但し全体で重回帰分析を行った結果は，⑬ 良い方向に循環している，
⑩ その場にいると安心する，⑫ 風通しの良い雰囲気がある，③ 行動の

表 2-9　働く「場」としての全体（オフィス・自宅）の居心地の重回帰分析（2019年，2020年）

係数ᵃ

モデル		非標準化係数		標準化係数	t 値	有意確率
		B	標準誤差	ベータ		
4	（定数）	.929	.184		5.049	.000
	Q513	.242	.046	.238	5.247	.000
	Q510	.276	.042	.284	6.656	.000
	Q512	.183	.042	.187	4.348	.000
	Q53	.149	.035	.148	4.244	.000

a．従属変数 Q4　働く「場」としての全体（オフィス・自宅）の居心地（2019・2020）

決定係数

モデル	R	R 2乗	調整済みR 2乗	推定値の標準誤差
4	.693ᵈ	.480	.476	1.067

d．予測値：（定数），[% 1：，Q513：

分散分析ᵃ

モデル		平方和	自由度	平均平方	F 値	有意確率
4	回帰	564.369	4	141.092	123.981	.000ᵉ
	残差	611.114	537	1.138		
	合計	1175.483	541			

a．従属変数 Q4　働く「場」としての全体（オフィス・自宅）の居心地（2019・2020）
e．予測値：（定数），[% 1：，Q513：

自由（飲食やトイレ・雑談・休息のタイミングなど）がある，の順で居心地に寄与していることが明らかになった（表2-9）。

　このことから安心感や行動の自由度など自己組織化を促す要因を含む「場」は居心地が良いと感じるという結果が導かれたことになる。

　働く「場」の居心地評価をオフィス・自宅ともにパンデミック前後で比較すると，2020年では，③ 行動の自由（飲食やトイレ・雑談・休息のタイミングなど）がある，の要因がなくなり，自宅においては，⑤ 音は静か

表 2 -10　重回帰分析の結果比較 (係数昇順)

	オフィス		自宅		全体
	2019年	2020年	2019年	2020年	
居心地の良さに働く要因（昇順）	⑩ 0.276	⑬ 0.232	⑬ 0.335	⑤ 0.351	⑩ 0.276
	⑬ 0.242	⑩ 0.198	⑩ 0.264	⑬ 0.277	⑬ 0.242
	⑫ 0.183	⑫ 0.195	③ 0.203	⑩ 0.218	⑫ 0.183
	③ 0.149				③ 0.149

注：③ 行動の自由（飲食やトイレ・雑談・休息のタイミングなど）がある．⑤ 音は静かだ．⑩ その場にいると安心する．⑫ 風通しの良い雰囲気がある．⑬ 良い方向に循環している

だ，の要因が増えた。これは，パンデミック前は全体的に自由があったため，働く「場」での行動の自由に対する規制を敏感に感じていたが，パンデミック後は自粛や規制が増えたため通常以上に行動の自由が制限されてしまったことや，飲食やトイレ・雑談・休息のタイミングなどの行動の自由に対しても相対的に比較してしまうことから，感度が鈍くになってしまったのではないかと推測される。また，音の静かさが自宅において重要な要因となったのは，集団内の騒音と，自宅の騒音は我慢できる程度が違うことを意味すると思われる。仕事をする環境についてオフィスではある程度の騒音については許容できていたものが，仕事をする環境が自宅になることでプライベート感覚が高まり，仕事をするときに音は気になる要因として浮き出てきたのではないかと考えられる。

　ここでもう一つ注目したい事は，2019年のオフィスと自宅には，③ 行動の自由（飲食やトイレ・雑談・休息のタイミングなど）がある，の項目が入っていたが，2020年にはなくなってしまったことである (表 2 -10)。パンデミックによりオフィスではコロナウィルスによる注意喚起が高まったことで，行動に対する規制やコロナに対する注意喚起がきちんとできているかどうか注視されているのではないかという，いわゆる人の目がより気になるようになり行動の自由が失われていったと考えられる。

特に2020年のパンデミック初期であったオフィスの「場」では，人から
人へコロナ感染することに対して緊張が走っていたため，お互いがお互
いを監視し，監視されるように感じる「場」へとなっていったのではな
いかと思われる。

（3）オフィスと自宅の「場」の相対比較評価

「オフィスで仕事をするのと自宅で仕事をするのでは，働く「場」と
してどちらがよいですか」という質問に対して自宅が非常に良い（0）
からオフィスが非常に良い（6）の7段階で回答を得た。結果は平均値
3.6（n＝616）であり，オフィスで仕事をすることを好む割合が高いこ
とが分かった（図2-6）。この結果と実際に働いたときの「場」の居心
地を比較すると，2020年オフィス（n＝535，平均＝3.1）と，2020年自宅
（n＝384，平均＝4.0）となった（表2-11，表2-12）。また前項で述べたよ
うに，パンデミック前と後の働く「場」としてのオフィスの居心地はパ
ンデミック後に下がり，働く「場」としての自宅の居心地はパンデミッ
ク後に上がっていることがわかっている。

実際にオフィス・自宅で働いたときの「場」の居心地の絶対評価は自
宅の方が高かったにもかかわらず，仕事をする「場」としてオフィスと
自宅を選択する相対評価だと，仕事をする「場」としてはオフィスの方
が良いという矛盾した結果となった。居心地の定義が「存在する場にお
ける個人の情動を伴う身体的・心理的感覚」であるということをもとに，

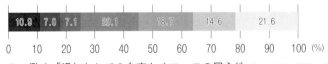

図2-6　働く「場」としての自宅とオフィスの居心地（n＝616，平均＝3.6）

表2-11　働く「場」としての自宅とオフィスの居心地評価と2020年働いているオフィスの居心地

		0	1	2	3	4	5	6	7	8
1段目　度数 2段目　横%		TOTAL	自宅が非常によい0	1	2	3	4	5	オフィスが非常によい6	平均値
0	TOTAL	535 100.0	54 10.1	35 6.5	34 6.4	104 19.4	100 18.7	87 16.3	121 22.6	3.7
1	全くよくない0	26 100.0	9 34.6	1 3.8	2 7.7	3 11.5	4 15.4	2 7.7	5 19.2	2.7
2	1	27 100.0	7 25.9	5 18.5	2 7.4	4 14.8	4 14.8	1 3.7	4 14.8	2.4
3	2	75 100.0	11 14.7	7 9.3	8 10.7	15 20.0	12 16.0	14 18.7	8 10.7	3.1
4	3	182 100.0	14 7.7	13 7.1	15 8.2	51 28.0	37 20.3	21 11.5	31 17.0	3.5
5	4	130 100.0	3 2.3	6 4.6	5 3.8	21 16.2	35 26.9	30 23.1	30 23.1	4.2
6	5	58 100.0	5 8.6	2 3.4	2 3.4	5 8.6	8 13.8	15 25.9	21 36.2	4.4
7	非常によい6	37 100.0	5 13.5	1 2.7	0 0.0	5 13.5	0 0.0	4 10.8	22 59.5	4.5

　この2つの一見矛盾ともいえる結果から以下の2つを推測した。一つ目は，働く「場」の居心地を相対評価で抽象概念として考えた場合，働く「場」（職場）＝オフィスという固定概念が働く。一方2020年に実際に働いた「場」の居心地の絶対評価は，現実的な身体感覚が伴うため，普段から居心地の良さを体感している自宅の居心地が良いと判断した可能性が考えられる。2つ目は働く場としてのオフィスは良いと思う反面，今回のパンデミックにより，人が集まるオフィスや人混みの通勤などによる感染不安を感じるようになった。したがって新しい生活様式でもうたわれているように，ソーシャルディスタンスや感染予防の観点から出歩いたり直接しゃべらないことが社会的に正しいとされていることもあり，自宅にいることが感染不安を取り除くことができる明確な方法だと思うようになっていく。仕事だけのことで考えた場合と実際コロナウィルス

表2-12　働く「場」としての自宅とオフィスの居心地評価と2020年働いている自宅の居心地

		0	1	2	3	4	5	6	7	8
1段目　度数 2段目　横%		TOTAL	自宅が非常によい0	1	2	3	4	5	オフィスが非常によい6	平均値
0	TOTAL	314 100.0	42 13.4	37 11.8	29 9.2	70 22.3	48 15.3	43 13.7	45 14.3	3.1
1	全くよくない0	11 100.0	1 9.1	1 9.1	1 9.1	0 0.0	0 0.0	1 9.1	7 63.6	4.5
2	1	6 100.0	0 0.0	0 0.0	0 0.0	0 0.0	0 0.0	2 33.3	4 66.7	5.7
3	2	28 100.0	2 7.1	0 0.0	2 7.1	6 21.4	2 7.1	7 25.0	9 32.1	4.3
4	3	70 100.0	5 7.1	6 8.6	5 7.1	23 32.9	16 22.9	11 15.7	4 5.7	3.3
5	4	82 100.0	3 3.7	11 13.4	8 9.8	20 24.4	20 24.4	12 14.6	8 9.8	3.4
6	5	48 100.0	3 6.3	10 20.8	6 12.5	9 18.8	6 12.5	8 16.7	6 12.5	3.1
7	非常による6	69 100.0	28 40.6	9 13.0	7 10.1	12 17.4	4 5.8	2 2.9	7 10.1	1.8

に対する安全性と両立させることを考えると，現実には自宅にいる方が感染不安のストレスが低減する。したがって「自宅の方が働く「場」としての居心地が良い」と判断した可能性が考えられる。

　そして今回はパンデミック前とパンデミック渦中で居心地の良さに寄与する要因にも違いが出た。パンデミック状況下の働く「場」の居心地について，オフィスの居心地や自宅の居心地の変化に有意差が認められたことからパンデミックはオフィスや自宅という，働く「場」の居心地に関係があるということがわかった。社会状況の変化により世の中の不安が強くなることは場の安心感にも影響する。したがって居心地の良さにも影響を与えることとなる。働く「場」の居心地は社会状況も強く関係することから，今回のパンデミックは未知のウィルスに対する不安だけではなく，感染の恐れのある「場」に対する不安が大きく出た。これ

はオフィス＝危険な場，自宅＝安心できる場という構図ができ，働く「場」としてのオフィスの居心地が低くなり，働く「場」として安全な自宅の居心地の上昇につながったと考えられる。

　更にパンデミックにより本来プライベートな「場」であった自宅に，働く「場」が移転してきたことから，一番のプライベート空間とオフィシャルな「場」が隣接してしまったことが我々に大きな影響を与えた。本来であればだれの目も届かない私的な「場」に会社の人の目が入り込むようになり，仕事時間を管理されたり，PC にログインしている時間を監視されるなどにより，私的な場が失われ，行動の自由に不自由をきたしていったのではないかと考えられる。

　このようにパンデミックによって自宅で働くということはオフィシャルな「場」がプライベートな「場」の境界線に食い込む現象をひきおこし，それによってオフィシャルな「場」もプライベートな「場」もさらに「周りの目」による監視的な「場」に変容していったと推測できる。このようにパンデミックにおいてはコロナウィルス感染による「不安や恐怖」を共通感覚として「場」の自己組織化はかなりの速さで促進されている。

4　パンデミックにおける「場」の自己組織化

　ここまでのことから考えると，働く「場」においてパンデミックの影響は良くない方に進んでいるのではないかと思えてくる。ところが調査結果からはそうとはいいきれないことが明らかになった。「新型コロナウィルスの流行によって仕事をする『場』の居心地はどのように変化しましたか。」という項目で「非常に悪くなった（0）」から「非常に良くなった（6）」までの7段階評価として調査した（図2-7）。全体（n ＝

616) においてちょうど中間を「変わらない（3）」として，4以上を良くなった，3未満を悪くなったとすると，悪くなった28.2%（174人），変わらない45.5%（280人），良くなった23.2%（143人），不明3.1%（19人）であった（図2-7）。このように新型コロナウィルスの流行による仕事をする「場」の居心地の変化をみると45.4%の人が変わらないと答えているのに対し悪くなったと感じている人は28.2%，良くなったと感じている人は23.2%いるのである。これは51.4%の人がパンデミックによる働く「場」の変容，いうなれば場の自己組織化を感じているということである。そしてその内の23.2%の人が良い場の自己組織化を職場に感じているということでもある。

　場の自己組織化とは「開放性・非均衡・ポジティブフィードバックによって，秩序が自ら螺旋的に再構成されることで，内部のあらゆる関係性が共通感覚によって質的変容が起こること」である。ここでは「なぜそのように感じられたのか理由を書いて下さい」という自由回答から得られた答えをもとに分析していくことで，場の自己組織化の観点からパンデミックによる働く「場」の居心地の良し悪しについての変容を考察していくことにする。

		0	1	2	3	4	5	6	7	8
1段目　度数 2段目　横%		非常に悪くなった 0	1	2	3	4	5	非常に良くなった 6	平均値	
0		100.0 100.0	5.9 5.9	5.9 5.9	17.4 17.4	46.9 46.9	46.9 46.9	6.0 6.0	3.5 3.5	2.9

図2-7　新型コロナウィルスの流行による仕事をする「場」の居心地の変化

　まず新型コロナウィルスの流行によって仕事をする「場」の居心地が悪くなったととらえる人達は働く「場」が混乱，または悪い方向に変容したと感じている回答がほとんどであり，パンデミックが引き起こした「場」の混乱や変容に対してネガティブであり，場の変化に対して非常に敏感であると思われる。オフィスの「場」がコロナウィルス予防による対応で神経質になり，それにより「場」がピリピリしたものに変化したことが回答の中からも感じとれる。「お客様の出入りに敏感になった。触れたもの，使ったものを気にしては除菌をするようになった。距離を置くようになって動きにくくなった」，「オフィスでは社員が沢山居て来訪者もあるのでコロナ感染のリスクが高い。コロナ感染予防策がとても大変」など今までなかったことに対する混乱や戸惑いが起きている。

　もう一つ，特徴的な回答としてはコロナ自体の恐怖不安というよりも自分や他人が周りに何か迷惑をかけるのではないかという，他者の目による不安が多くあったことである。「人の動きが気になるようになった」「マスクをするのはもちろん，他者の体調やプライベートの行動をお互い意識・警戒するようになったから」「自分が1番目に罹患しないか？他の人に移さないか？プレッシャーが凄い」「マスクをしないといけないとか，大勢なので感染するかもしれないし，感染したら加害者みたいになることが恐ろしい」などの回答が多く見られた。これは「場」の崩壊に対する不安を言語化したものであるとも考えられる。河合［1976］は日本人の「場」は言語化しがたい感情的統合によって，すべてのことがあいまいに一様になってくること，そして一度この中に入ってしまうとよほどのことがない限り，その「場」の中で救われると言う利点を持っていると論じている。日本においては「場」の内と外では，「内輪」という言葉からもわかるようにはっきりと線引きがされている。本来働く「場」であるオフィスは会社の小集団がいる「場」でもありオフィスの

内外でも線引きがされるため，同じ「場」にいるものは「内輪」と認識される。そこで毎日顔を合わせる社員たちはそれなりの「内輪」の「場」を作って適応していたと思われる。それは河合［1997］が言うように日本人の集まりはまず「全体としての場」が先に形成され，その後にその場の平衡状態を保つことに注力するからである。したがってその「場」の中では気遣いという名のもとにお互いに感情を波立たせないよう，「あいまいな関係性」を職場につくり適応してきたと考える。ところがコロナウィルスはそのあいまいさを一掃してしまった。なぜならコロナウィルスは感染力が強いため内部で感染者を出すと周りにいた人が濃厚感染者となってしまうことから，内部で誰かが感染すると内輪の人達や会社に様々なリスクを生じさせてしまうからである。企業をはじめとする職場では感染対策をするということで，きちんと距離をとる，きちんと消毒をする，きちんとマスクをする，県外移動はプライベートでも禁止もしくは報告する，余分なおしゃべりはしないなど，内部感染(クラスター)になることに恐れを抱き阻止するため，職場内にきちんとルールを遵守するよう圧力をかけて浸透させたのである。今までだったら内輪では許されてきたこと（「ちょっとくらいいいよ」というようなあいまい性）が内輪だからこそ許されなくなってしまったという場の変容は，働く人たちの間に大きな動揺をあたえたことは容易に推し量ることができるだろう。これまでの「あいまいな場」を維持することは感染を促進させることにもなるという葛藤がその「場」を緊張させた。それが「ピリピリしている」「ギスギス感が増えた」「神経質になった」などの回答が多かったことからもわかる。感染者になれば内輪に多大なる迷惑をかけてしまい，その場（内輪集団）にはいられなくなるという不安と恐怖が，まさに先ほどの回答の「プレッシャーがすごい」「加害者みないになることが恐ろしい」「お互い意識・警戒するようになった」などの言葉として語られて

いるのである。あいまいな中での自由が阻害され「場」の自己組織化も阻害されている，もしくは混乱により負のスパイラルに入っていることがこれらの回答から読み取ることができる。これは「場」に侵入したコロナウィルスと人間との能動と受動が絡み合う中で我々が間主観的に，且つ間身体性を通じて「未知のコロナウィルスへの不安と恐怖」を共通感覚として「場」の質的変容を促しているからである。

　一方で新型コロナウィルスの流行によって仕事をする「場」の居心地が良くなったととらえる人達は，働く「場」が変容したと感じている回答がほとんどであり，パンデミックが引き起こした「場」の変容に対してポジティブな捉えをしている。例えば働き方の多様化，感染リスクの減少，対人関係の摩擦の減少，職場の物理的空間の拡大，家族との時間の増加，仕事量の緩和，パンデミックによる経験値 UP，などパンデミックに対する変化に対して前向きにとらえる回答が多く見られた。そのようなポジティブにパンデミックをとらえることができた理由として，今まで当然とか当たり前と思っていたことがコロナウィルスによって阻害されたことで，現状の「場」の良さや「場」のありがたさを再確認することができたということが多くあげられていた。例えば「人に会える嬉しさがある」，「行動を制約される中で，仕事に行けば人と直接会える環境が，居場所や所属という安心感があった」，「今の職場で仕事ができることへの感謝の気持ちが増した」など「場」の再認識がされ，再評価されている回答が多くみられた。

　さらに，「新しいことに取り組む姿勢があり，会社全体で変わろうとしている」，「テレワーク環境が急速によくなった。職場の意識が変わった」，「新しい働き方が急速に進み新鮮であり変革の時期である」などパンデミックを機に新たに変わろうとする「場」に対する評価や期待を語る回答もあった。「場」の内部のあらゆる関係性が共通感覚によって「場」

が変容を促していくことから考えると，居心地がよくなったと回答した
人たちは，働く場所がオフィスであれ自宅であれ，働く「場」としての
会社や部署などに再評価や期待といった共通感覚があることを感じ，且
つ「場」の質的変容を促していることが間主観的に，且つ間身体性を通
じて感じ取ることができるからである。

　このように「場」を良い意味で評価，もしくは期待することができる
のは，やはり場の自己組織化の持つ力が大きいと思われる。そもそもコ
ロナウィルスにより非日常化された「場」には大きなゆらぎができる。
その中で新たにつくりだされる職場の共通感覚が再評価をもたらすもの
であったり，未来を期待するものであったりした時には，働く場内部の
関係性がよい方向に変容し，「場」の自己組織化を促して新たな秩序を
再構成し始めるとみることができる。そして場の秩序が新たに再構成さ
れると，場の自己組織化により新たな「場」として，居心地の良さを伴
う職場が創生されるのである。

5　おわりに

　本章ではコロナウィルスにより職場の居心地がどのように変容して
いったのかを定量調査と自由記述から分析をした。結果としてパンデ
ミック後はオフィスだけではなく自宅での働き方（テレワーク等）を急速
に拡大させ，働く人たちの働く「場」に対する居心地に，良くも悪くも
大きな影響を与えた。テレワークの働き方については，幸田［2021］は
日本企業において対面的なコミュニケーションがケイパビリティとして
作用していると考えられることから，従来の日本企業の特徴や強みは対
面的なコミュニケーションによるものが大きいと言っている。その中で
「ICT の発展により，テレコミュニケーションに最も親和性が高まった

ネットワーク型組織では，組織の構造が弱いため，長期的に維持される心情的・情緒的な『場』の共有やウチに対する態度，『和』や集団主義的側面を活かしきることが難しい。人間関係は，より功利的で短期的な目的合理的なものになるであろう。(p. 73)」と述べ，その結論として，テレワークのような遠隔的なやり取りではその強みを維持することが難しいと論じている。

　確かに日本の「場」の概念は，個人と社会の関係を取り持つ基本的な原理として，「場」の中に入っているかどうかで，内輪の者か部外者かを明確に分断することを重視してきた。これからすると幸田のいうように同じ会社に所属していたとしても，テレワークにより分断された場で働くということは個人と社会の関係を取り持つには不安定になる。働く「場」を共にすることが前提であったからである。

　しかし，働く「場」の居心地の良さは，様々な要因による影響があり，決して「個人」や「職場」だけの影響要因ではないことが今回の研究では明らかになった。働く「場」の居心地は目に見えるものやことがらだけでなく，場の自己組織化を促すことで新たな秩序ができ，新たな居心地が作りあげられていく。このときに再構成される働く「場」に対しての再評価や未来への期待という共通感覚を持つことができたとき，間主観的かつ間身体的に場の居心地がよいと感覚的・感情的に共有される場に変容していくのである。居心地の良い「場」であれば他者の目あってもそれほど気にならなくなり，仕事に意識を向けることができる。一方で働く「場」に対して不安などのネガティブな共通感覚を持つときは，逆に居心地の悪い場へと変容していく。そして居心地の悪い「場」であるからこそ他者の目が気になりプレッシャーやストレスを感じ，そこに大きな労力を割いてしまうのである。これは今回の大きな発見である。私たちは人間関係を重視して職場の雰囲気を考えることが多い。しかし

　今回の結果から，人間関係も「場」の中では要因の一つに過ぎず，もっとマクロな視点から「場」というものを意識して，安心できる「場」，良い方向に循環している「場」を作り上げることが居心地をよくすることに大きく寄与していくという知見を得ることができたのである。そう考えると，幸田のいう長期的に維持される心情的・情緒的な「場」の共有やウチに対する態度，「和」や集団主義的側面を生かすことができないという懸念をテレワークやソーシャルディスタンスがある「場」の自己組織化をどのように促していくかを考えていくことで払拭できるのではないだろうか。職場において開放性，非均衡をどのように「場」の中に創り出し，何を共通感覚としてもつのかという視点から考えていくことでポジティブフィードバックを「場」の中に創り出し，それによって「場」が再構成されていき，新たな秩序を持つ「場」を創生する。これはとても大事な視点である。

　コロナ禍において，うつ病や適応障害による休職など，ニューノーマルを始めとした変わりゆく「場」の不適応者増加にも職場は悩まされている。今回の研究をもとに場の自己組織化に必要な開放性や揺らぎ，そして共通感覚をさらに具体化していくことで，自己組織化を促し，働く「場」が活性化し自己組織的に「居心地の良い働く場」に変容していく可能性が示唆された。特にパンデミックのような社会情勢の大きな変化のときにこそこの知見は重要である。

　働くための居心地の良い「場」とは，時間や場所，社会情勢を問わず安心できる「場」であること，そのためには働く「場」に自己組織性を促す要因を感じられることが必要である。そして今一度，この100年に一度といわれる「パンデミックの場」において自己組織化を促し，より良い「場」へと再構成するために，我々がどのような共通感覚を持ち，どのように生きていくのが良いのかを積極的に再考する機会となること

を願う。

参考文献

Bourdieu, Pierre［1979］*La Distinction : Critique sociale du jugement,* Editions de Minuit.（＝1990，石井洋二郎訳『ディスタンクシオンⅠ』藤原書店.）

───────［1980］*Le sens pratique. Editions de Minuit.*（＝1988，今村仁司他訳『実践感覚Ⅰ』みすず書房.）

Bourdieu, Pierre & Loic J. D. Wacquant［1992］*An Invitation to Reflexive Sociology,* Cambridge : Polity.（＝2007，水島和則訳『リフレクシヴ・ソシオロジーへの招待』藤原書店.）

Kant, Immanuel［1784］*Idee zu einer allgemeinen Geschichte in weltbürgerlicher Absicht, in : Kant's gesammelte Schriften, ed. Königlich Preußische Akademie der Wissenschaften et al., Berlin et al. :* Walter de Gruyter et al., 1900 f., vol. VIII, 1912.（＝2000，福田喜一郎訳『世界市民的見地における普遍史の理念　カント全集14』歴史哲学論集　岩波書店.）

───────［1790］*Kritik der Urteilskraft, in : Kant's gesammelte Schriften, vol. V.*（＝1999，牧野英二訳『判断力批判　上　カント全集　8』岩波書店.）

城戸淳［2021］「カントの共通感覚論──共同性の感情的基礎のために──」『エモーション・スタディーズ』（6）Special Issue : 13-21，日本感情心理学会.

片田珠美［2017］『忖度社会ニッポン』角川書店.

河合隼雄［1995］『働きざかりの心理学』新潮文庫.

───────［1997］『母性社会日本の病理』中央公論社.

───────［2000］『日本文化のゆくえ』岩波書店.

幸田達郎［2021］「組織形態とテレワークのコミュニケーション──コロナの時代におけるコミュニケーションの課題──」『文教大学湘南総合研究所紀要』（25）：65-79.

河野秀樹［2010］「〈場〉とはなにか──主要な理論と関連する概念についての学際的考察──」『人文学研究』6：39-60.

Krugman, P.［1996］*The Self-Organizing. Economy,* New York : Mitsui Lectures in Economics.（＝2009, 北村行伸・妹尾美起訳『自己組織化の経済学——経済秩序はいかに創発するか』ちくま学芸文庫.）

Lewin, K. & Cartwright, D.［1951］*Field theory of social science : Selected theo-retical papers.* New York : Harper & Brothers.（＝2017, 猪股佐登留訳『社会科学における場の理論——社会的葛藤の解決と社会科学における場の理論 2』ちとせプレス.）

今田高俊［1986］『自己組織性』創文社.

磯直樹［2008］「ブルデューにおける界概念：理論と調査の媒介として」『ソシオロジ』53（1）：37–53.

伊丹敬之・西口敏宏・野中郁次郎編著［2000］『場のダイナミズムと企業』東洋経済新報社.

伊丹敬之［2005］『場の論理とマネジメント』東洋経済新報社.

中村雄二［2000］『共通感覚論』岩波書店.

西川絹恵［2020］「働く「場」の居心地に影響を与える要因——インターネット調査を用いた定量調査による検討——」『中京企業研究』42：143–180.

———［2021］「『居心地』と『居場所』の概念の検討」『中京経営紀要』17：1–11.

野中郁次郎・竹内弘高・梅本勝博［1996］『知識創造企業』東洋経済新報社.

野中郁次郎・紺野登［1997］「ダイナミックな組織知に向けて——場の動態と知識創造」『一橋ビジネスレビュー』45（2）：1–13.

野中郁次郎［2002］「企業の知識ベース理論の構想」『組織科学』36（1）：4–13.

———［2016］「知的機動力を錬磨する——暗黙知，相互　主観性，自律分散リーダーシップ」『一橋ビジネスレビュー』41（1）：132–150.

齋藤慶典［2005］『レヴィナス　無起源からの思考』講談社.

———［2009］『知ること，黙すること，遣り過ごすこと——存在と世界の哲学』講談社.

清水博［1999 a］『新版　生命と場所』NTT 出版.

———［1999 b］「場の理論——生命の二領域性」『場と共創』第 2 号.

———［2003］『場の思想』東京大学出版会.

露木恵美子［2019］「『場』と知識創造——現象学的アプローチによる集団的創造

性を促す「場」の理論に構築に向けて――」『研究　技術　計画研究』34（1）: 39‒57.

Column

2

コロナ禍における応援消費

　新型コロナウィルスのような災害時において，小売店，飲食店，生産者，観光業界などを積極的に買い支えようとする「応援消費」という行動が注目された。「応援消費」は2011年の東日本大震災後に生じたものであるといわれている。

　コロナ禍において，新聞では「応援消費」についてどのようなことが報じられていたのであろうか。日経テレコンにて新型コロナウィルスに関連した「応援消費」というキーワードにて検索した記事（13件，440文）の分析を行った（図1）。その結果，「応援消費」は「生産者」，「広がる」と直接つながっていた。「生産者」を媒介にして，「支援」，「市場」，「野菜」，「サイト」など生産者への支援に関連する言葉と共起していた。「人」，「生活」，「自粛」，「日常」，「自分」という共起関係は，新型コロナウィルスが消費者にとって身近な問題であったと考えられる。「ライブ」，「オンライン」，「配信」，「イベント」，「東京」という共起関係からは，自粛により多くのイベントがオンラインになったことが示されている。また，「チケット」，「店」，「応援」，「購入」といった共起関係からは，消費者が個別の店舗や特定のイベントのチケットを購入して応援するという消費が示唆されている。

　新型コロナウィルスの場合，影響が全世界であり特定の被災地は存在しないという特徴がある。このため，他の災害とは異なり自分も当事者として，自粛を通して日常生活を見直す必要に迫られたことも共起ネットワークから示唆された。

　次にコロナ禍では消費者はどのような形で応援消費を行って

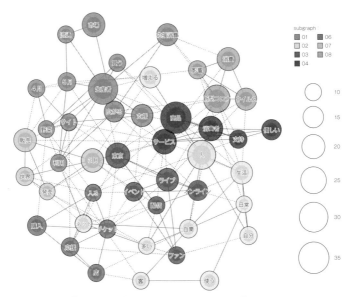

図1　「応援消費」新聞記事に見られる共起ネットワーク

　いたのであろうか。増田・津村・松井（2021）は，消費者に対してアンケートを行っている。アンケートを共起ネットワークにて分析した結果，消費者はテレビやネットにて情報を得て応援消費を行っていることが明らかとなった。例えば「ブログ等でお土産用のお菓子等がコロナで売れゆきが悪く，消費期限も近くて困ってる情報を知りネットショッピングで購入して微力ながら応援させていただいた。」（女性40代）という記述などである。また，他にも応援消費は「飲食店」や「テイクアウト」などと結びつきやすい傾向があることが確認された。

　最後に若い世代の方が「応援消費」という情報が提供されると積極的に応援消費を行う傾向があり，メディアによる広告の

有効性が示唆された。

※本コラムは，第61回消費者行動研究コンファレンス，松井剛 (一橋大学)，
　増田明子 (専修大学)，津村将章 (中京大学)「新たな消費習慣の言語化と
　制度化：「応援消費」というフレーミングを事例に」2020年，第62回消
　費者行動研究コンファレンス，増田明子 (専修大学)，津村将章 (中京大
　学)，松井剛 (一橋大学)「応援消費を行う動機に関する探索的研究：質
　問票調査の分析結果より」2021年の発表資料をもとに執筆しました。

津 村 将 章

第
3
章

パンデミックと企業
——デジタル・トランスフォーメーション（DX）への助走

中條秀治

1　はじめに

　イスラエルの歴史学者で世界的なベストセラー『サピエンス全史』を書いたユヴァル・ノア・ハラリは世界で5000万人とも言われる死者を出したスペイン風邪ですら，歴史の長いスパンで見れば，戦争の惨禍の記憶とは異なり，過ぎ去ってしまえば社会にその痕跡をほとんど残すことがなかったと発言している。歴史学者の知見を信じれば，パンデミックが過ぎ去れば，我々はやがてコロナ禍での数々の不幸やその不自由な日々を忘れ去るのかもしれない。2003年の SARS (Severe Acute Respiratory Syndrome)，2012年の MERS (Middle East Respiratory Syndrome)，そして2019年の Covid‒19と10年以内にパンデミックは起こっており，今回のコロナ・パンデミックの記憶も20年・30年後には繰り返し起こった数あるパンデミックの一つという位置付けにしかならない可能性が高い。
　しかし，コロナの記憶が10年・20年後にはほとんど忘れ去られることになるとしても，今回のコロナ・パンデミックは社会の在り方を劇的に変えたというのも事実である。中世におけるペストの流行が神中心の西洋社会を人間中心の思想であるルネッサンスの開花へと導く原動力となったように，世界を巻き込んだコロナ・パンデミックという事態は社会の在り方，特にビジネス環境と我々の働き方のパターンを劇的に変化

させ，コロナと共生する社会の在り方を示す「ニューノーマル」という
用語を生み出したのである。

　京都大学の中西寛は，「今回のパンデミックは，人類社会の変化を加
速させるとともに，人類の認識を大きく転換するという二重の効果をも
たらし，パンデミック後の世界は，その前の世界とは大きく異なるもの
として人々の目に映ることになるだろう」[中西 2021：208]と発言して
いる。孫正義の弟でベンチャー投資家である孫泰蔵は，今回のパンデ
ミックについて，「強制的に意識や習慣を変化させられた側面が強い」
と述べる一方で，「これまで無批判に続けていた手法をガラリと変える
経験を，日本中が味わった」のであり，「結果的には日本にプラスに働
くかもしれません」と肯定的に捉えている [孫 2021：19]。

　あらゆる国が国境を閉鎖し，地域をまたぐ交通を制限し，企業活動の
自粛を要請あるいは制限した。国情によりコロナ禍への対応は異なるも
のであったが，都市そのものをロックダウンし，違反者を拘束し罰金を
課すといった強権発動をとった国もあれば，日本のように緊急事態宣言
によって企業行動の制限を行った国もある。

　コロナ禍は世界経済に大打撃を与えた。コロナの影響が甚大であった
のは飲食・観光・ホテル・音楽コンサートや観劇あるいは結婚式など各
種イベントなどの業界であり，その被害はこれまでの景気後退や経済危
機とは比べられないほど大きい。飲食業は営業自粛や営業休止に追い込
まれ，やむなく廃業を選択する店舗も増加した。世界の観光業は国境封
鎖や都市のロックアウトで大打撃を受け，日本の観光業についても，中
国をはじめとする海外観光客のインバウンド需要が完全にストップし，
加えて緊急事態宣言が出されるに及んで，外出の自粛要請や県外をまた
ぐ旅行の制限などで旅行業界はほぼ完全休業状態に追い込まれた。人々
の移動手段である航空会社や鉄道会社やバス会社などの各種交通機関に

ついても，その利用率は激減した（『日経ビジネス』2020.9.14：47）。

　ホテル業に関しては，国内の2020年5月の宿泊者数で言えば，前年同月比85％減の779万人泊にまでの落ち込みを経験している。音楽コンサートや観劇あるいは結婚式などの各種イベント業界も延期・中止に追い込まれた。ウェディング業界では，結婚式への参列者はコロナ以前から減少傾向にあったが，コロナが挙式・披露宴の大量キャンセルという状況を生み出し，コロナ損失1兆円とも言われている（『東洋経済』2021.7.31：82-83）。また，小・中学校をはじめとする教育機関が緊急事態宣言の発動で休校措置を決めたため，それに伴い，当然に給食を中心とする食材供給者業も打撃を受けることになった。

　コロナの影響度は業界ごとに異なるが，パンデミックは未曾有の経済的損失を与えたことは事実である。多くの企業で過去最大の赤字を計上した。投資会社バークシャー・ハサウェイを率いて，個人資産68億ドルを築いたことで知られる投資の神様バフェット（Warren Buffett）ですら，コロナによる証券市場の激震により21億ドルに上る損失を被ったという［Vaz 2021：xvii］。日本の産業界で言えば，自動車は世界で「2000万台の需要が蒸発」と言われ，トヨタは減産体制をとり，ホンダや日産は北米でそれぞれ一万人程度の一時解雇を実施した。建設・土木の業界においても2020年4月半にゼネコン大手が一斉に工事案件を中断する事態が発生し業績悪化は不可避となった。またソフトバンクグループの孫正義社長は「（SVFが出資する）88社のうち15社くらいは倒産するのではないか」と語ったが，2020年3月の決算で9615億円の史上最大の最終損益を発表している［日経クロステック編 2020：14-22］。

　コロナの影響は衣類・ファッション業界にも及んだ。在宅勤務が増え，外出制限が社会全体で強制されている状況においては，ビジネスに関わる「おしゃれ」への出費は基本的に不必要となる。ファッション産業の

惨状は想像を超える。1818年創業のアメリカを代表するアパレルの老舗のブルックス・ブラザーズが2020年に民事更生の手続きに入り，カジュアルブランドのJクリー，百貨店のJCペニーなども破綻した。日本ではレナウンが民事再生手続きに入り，オンワードなどは700店舗の閉鎖を決め，スペインのZaraは1200店舗，米国のGAPも北米中心に200店舗以上の閉鎖を決定している。

　コロナ危機の下で，日本の経済指標は大幅に悪化し，2020年4月の鉱工業生産指数（製造業）が9.8%減，第三次産業活動指数（非製造）も8.0%減と大幅な落ち込みを経験している。それに伴い失業者も増加したが，特に非正規雇用の労働者を中心に「潜在失業率は13.4%」との試算もある（『エコノミスト』2020. 12. 22：85）。

　コロナ・パンデミックによりもたらされた未曾有の経済危機の中で，個別企業は生き残りをかけ新たな方向性を模索している。コロナ禍で新たなトレンドとして浮かび上がってきたものは，デジタル技術を用いてビジネスの在り方を変える方向性であり，先頭集団を走る企業はデジタル・トランスフォーメーションへと助走を始めている。

2　パンデミック禍における企業行動の変化

　日本においてはcovid－19の蔓延で社会活動や経済活動の激変を経験する数年前から「デジタル時代」の到来が喧伝されており，政府主導で「Society5.0」という標語の下で「サイバー空間とフィジカル空間を高度に融合させたシステムによって開かれる未来社会」のイメージが語られてきた。そこでは，「IoT（Internet of Things）で全ての人とモノがつながり，多様な知識や情報が共有され，今までにない新たな価値を生み出すこと」が可能となり，様々な社会的課題や困難を克服できるとする未

来が語られた（内閣府ホームページ）。

　その一方で，日本の労働生産性の低さが国際比較で際立っており，職場における長時間労働と労働環境の改善を目指す「働き方改革」の関連法が2018年に法制化されたが，実効性の面で課題が多いことも指摘されていた。通勤ラッシュを避ける「フレックス時間制」やインターネットの普及で可能となる「在宅勤務」や「リモート・オフィス」の活用も話題となったが，現実にはそれほど実施されることはなかった。

　だが，コロナ・パンデミックが状況を一変させた。コロナ・パンデミックが企業行動に与えたインパクトは計り知れない。コロナで何が変わったのか。コロナ禍がビジネス環境を劇的に変化させ，経済のデジタル化が一気に現実のものとなった。「非対面・非接触」が世の中のキャッチ・フレーズとなり，この方向でビジネス社会も動いた。人との接触がコロナ感染拡大の原因であることから，直接的な接触を極力避けるという行動が推奨された結果，従来の企業行動を大きく変える必要に迫られたのである。

　企業は，新型コロナウイルスの感染防止のために，対面型の商業施設・娯楽施設の営業を制限し，同時に従業員には出社制限がなされた。その結果，リモートワークで働く人々の範囲が飛躍的に拡大した。コロナ対策への否応無い対策として在宅勤務が多くの企業で実施に移された。中には，業務の在宅化に全面移行する企業も現れた。個人向け自動車保険のチューリヒ保険は新型コロナの感染拡大をうけ，在宅勤務が難しいと言われていたコールセンター業務についても，在宅勤務で対応したという。これは，端末側に顧客情報などが一切残らない仕組みである「仮想デスクトップ」と呼ばれる新技術を採用することにより，オフィスと同じ業務を自宅でできるようにするものであり，在宅勤務率95パーセントを実現したという。この会社では，「働き方改革」の一環としてコロナ

収束後についても在宅勤務を維持する方針であるという［日経クロステック編 2020：157］。

　テレワークが実施可能な職種においては，もはや通勤ラッシュの苦行から解放され，通勤時間の無駄を節約できる在宅勤務はかけがえのないものとなりつつある。米国ツイッター社は「テレワークがうまくいくことが証明された」として，ロックダウン解除後も，希望する従業員に対して永久的に在宅勤務を可能とすると発表し，米国グーグル社と米国フェイスブックも在宅勤務を継続する。日本のニコニコ動画のドワンゴも全従業員の在宅勤務をコロナ収束後も続ける方針であるという［日経クロステック編 2020：161］。

　このような在宅勤務の常態化の動きを受けて，「オフィスは不要なのではないか」という問いかけが様々なところで投げかけられるようになりつつある。本社ビルの廃止・縮小や地方移転もトレンドとなりつつある。さらに，「職住融合」という考え方も広まりつつあり，都心の本社ビルの賃貸契約を解除し，本社を地方都市に移転する動きも活発化している。オフィスの床面積を2020年から３年かけて半減させる富士通は，「オフィスの形を，主要拠点の『ハブ・オフィス』・会議などに使いやすい『サテライト・オフィス』・在宅に近い形で利用する『ホーム・アンド・シェーアードオフィス』の三種類に分け運用する」という（『ダイヤモンド』2020.11.7：48-49）。

　出張などの減少も際立っている。「海外出張がこの数ヶ月間一度もないのはこれまた初めての体験です」というソフトバンクグループの孫正義社長の言葉が企業における「ニューノーマル」を象徴している。海外出張は相手国が受け入れを拒否するという状態になり，国内においても県外への出張が実質的に禁止されるような状態が続いた。出張経費は劇的に削減され，これまで出張先で行われていた会議はインターネットを

使ったもの，例えば Zoom や Google Meet や Microsoft Teams などに
置き換えられた。

3　パンデミックで加速した経済のデジタル化

　パンデミックによりデジタル技術の導入が加速化しており，テクサ
レーション（Tech-celeration）という用語も生み出されている。これは，
technology（技術）と acceleration（加速）の合成語であるが，パンデミッ
クによって非対面・非接触が社会活動の喫緊の課題となったことにより，
最新のデジタル技術が加速度的に取り入れられたのである。
　各国でコロナ対策が打ち出されたが，迅速な対応に成功したといわれ
る国々ではデジタル技術が活用された。スマートフォンで位置情報を把
握し感染経路を特定するとか，現金を触らないように非接触型の支払い
システムが推奨され，雇用喪失に伴う緊急措置としての保障金の支払い
や現金配布にデジタル技術が活用された。企業においても，対面店舗の
閉鎖が相次ぎ，非接触型の店舗展開が模索される中で，いち早くデジタ
ル化の方向に転換した個別企業が急成長することになった。

（1）デジタル・ツールの活用
　電子メール・電子契約・電子決済・クラウドサービスといったデジタ
ルツールの活用がコロナ禍でビジネスを行う上での必須のツールとなっ
た。紙媒体の不便さが改めて認識されたが，「コロナ禍で DX 推進の旗
印となったのが『脱ハンコ』」であり，「押印の代わりに，インターネッ
トで契約を締結する『電子契約サービス』の認知度は加速度的に高まっ
た」という（『日経ビジネス』2021. 10. 11：24）。これまでビジネスで「三種
の神器」とされた「印鑑・ファクス・電話」が時代遅れのビジネス・ツー

ルであることが鮮明になり，紙媒体中心の現状システムのデジタル化が喫緊の課題となっている。デジタル・ツールを活用した電子契約・電子決済の流れは加速化しており，さらに AI による受注システムや予約システムの導入を推進する企業も増加している（『日経ビジネス』2021.10.11：26-27）。

　コロナによる企業行動の変化として，Zoom に代表されるオンライン会議の導入が世界的規模で非常に短期間に実現した。企業はこれまでもビジネスのデジタル化への対応を模索していたが，現実にはオンライン会議などは試験的なものにとどまるか，あるいは実施されていたとしても，一部の特殊な会議で細々と導入されていたに過ぎない。ところがコロナ・ウィルスが蔓延する中，ほとんどの会議は瞬時に Zoom 等のオンライン会議へと移行し，短期間のうちにオンライン会議が常態化した。また，採用人事に関しても，ネット上からの応募となり，会社説明会などもオンラインを主体として開催された。さらに，新人研修・各種研修もオンライン開催が主流となっている。

（2）eコマースの隆盛
1）ネット通販の拡大

　コロナの直撃を受けた2020年，米国の食料品雑貨や日用必需品が劇的にオンラインにシフトし，巣篭もり需要で対面型店舗の売り上げが150%増であったのに対して，オンラインは700%増にまで跳ねあがった［Vaz 2021：163］。コロナ禍では店員と客の接触機会をできるだけ減らすことが推奨されたが，当然の結末として顧客はネットを通した商品購入に動いた。アマゾン・ドット・コムは売上高約40兆円を超える巨大eコマースを展開し，コロナ禍を追い風にして史上最高益の業績を上げ世界でその存在感を高めている。

　コロナ禍は，オンラインでの買い物に拍車をかけ，ネット注文で翌日配送というような利便性とそのスピード感に一般消費者が魅力を感じるようになっている。消費者はネットでの購買行動に慣れ始めており，必ずしも店舗に足を運ぶ購買行動にこだわりを見せなくなった。対面販売の不振傾向は単にコロナの影響というにとどまらず，デジタル社会の「ニューノーマル」であるネット環境を通した商品売買の常態化によるものである。

　日本におけるネット通販の先駆けである「ジャパネットたかた」はラジオ通販からテレビショッピングに進出し急成長を経験した。同様に若者衣料ファッションでネットショッピングに進出したzozoも急成長を続け，2019年秋にはヤフーにより買収されている。ヤフーはこれまでの広告収入主体のビジネスモデルからzozoの買収でeコマース分野への進出の足がかりを掴んだことになる。対面型店舗の大量閉鎖を決めた日本のオンワードやスペインのZara，米国のGAPもeコマースの方に梶を切って活路を見出そうとしている。

　eコマース分野の急拡大は自社独自のネット販売を模索する動きとなっており，家電業界，スーパーマーケット業界，無印良品やニトリやイケアなど幅広い業種で自社製品のeコマースを手がけている。

　また，全国の小中学校の臨時休校に際して，食材生産者から「休校やイベント中止で販路がなくなり，大量の在庫を抱えている」とのSOSに対して，直産ECサイトの「食べチョク」などがネット販売に動き，生鮮品のeコマース需要の掘り起こしに成功している。有機農産物や各種食品の宅配サービスを展開する「オイシックス・ラ・大地」もコロナ禍が追い風となり，売上高前年同期の5割り増しの約476億円にまで拡大しているという（『エコノミスト』2020.12.8：78-79）。

２）ライブコマース

　「ライブコマース」はインターネットで生放送のライブ動画を配信し，販売に結びつける手法である。従来のネット通販では写真による製品説明や事前に録画した動画による説明などが主流であった。またテレビショッピングでは，プロ販売員による商品説明や芸能人を使った広告宣伝も盛んであったが，そこには明らかに売る側に立った制作意図が見え隠れしていた。しかるに，昨今，急速に注目を集めている販売方法は，生産者自身が「ライブ配信」で自分の育てた野菜や果物を素朴に売るというスタイルやインフルエンサーと呼ばれる著名人が自ら顧客の代理人となって商品の特徴や使用感などを紹介するというものである。

　前者の例では，中国の農家のおばあさんがネット環境を利用して，自分の育てた農産物をスマホで中継して販売する「ライブコマース」が人気になっている。コロナの影響で巣篭もり需要が増加しているが，消費者は生産者から直接に買う「楽しみ」を感じているという（『朝日新聞デジタル』2020.10.16）。後者の例としては，中国には２時間で約三億元，日本円で45億円を売り上げた「ライブコマースの女王」と呼ばれるインフルエンサーや，また15分間に1.5万本の口紅を売り上げた「口紅王子」と呼ばれる口紅販売のスペシャリストのインフルエンサーがいるという。

　中国の11月11日の「独身の日」はｅコマースの実力を世界に見せつけた。コロナ下の2020年の４日間のライブコマース・イベントでは若者に人気のアーティストが歌や踊りを披露する前夜祭の後，ライブコマースの売上額がリアルタイムで大スクリーンに表示され，いやが上にも若者の購買欲を刺激し，アリババは日本円で７兆円を超える販売記録を打ち立てた。2021年の「独身の日」は習近平の「共同富裕」政策への配慮からかアーティストによる前夜祭や売上高のリアルタイムの表示といった派手なパフォーマンスが中止されたが，それでも取扱額は前年を大き

く上回る9.6兆円となった。

3）料理宅配

　ロックダウンの影響は広範に及び，対面販売や外出規制の影響は飲食店の経営を直撃することになった。イギリスではカフェ・パブ・バー・レストランが店を開けない状態となった。座して死を待つか，別の方向に向かって歩き始めるかが問題となり，生き残りをかけてデジタルツールを活用して，持ち帰りやデリバリーに舵を切った店舗が成功をおさめるような事例が増加している。

　ミシュラン掲載クラスのレストランで，生き残りのためオンラインによるテイク・アウトへと転換し，新しい配送システムであるウーバー配達を活用して結果的に成功しているものがいる。例えば，イギリスなどでは，3つ星レストランが路線転換をした事例や王室御用達の食料品店「Waitrose」がバレンタイン用のミールキットの販売を開始したことなどが紹介されている。日本でも，「yuizen」などが高級宅配弁当をデリバリーするサービスを始めている［原田・小祝 2021：140］。さらにミールキット（料理キット）販売が「コロナ禍で新しい体験を求めるユーザーのニーズもあり，着実に市場規模を拡大」しており，2021年の市場規模1600億円から2024年には1900億円まで拡大すると予測されている［西村 2021：60-61］。

　このような料理キット販売が拡大する中で，重要な役割を果たしているのが料理宅配サービスを展開する10万人の配達員を抱えるウーバーイーツやギクワーカーなどの宅配業者である。これらの宅配サービスは自転車やオートバイを使ってスピード配送を行うのであるが，この業界内では担い手も多様化し，競争に拍車がかかっている。各社様々な取り組みを行っており，日本ピザハットはネット注文のピザを玄関先に「置

き配」するサービスを開始している。世界のフードデリバリー産業は2024年までに1.8兆円規模になると見込まれている。

　新型コロナで需要が急拡大した料理宅配ではあるが，2021年後半には感染者の減少で利用者が頭打ちとなっており，料理宅配以外のネット通販の商品配送に参入する動きが顕著になっている。料理宅配業者のインターネット通販の配送サービスでは，「地域や商品によっては注文から30分以内の配達ができる」ということであり，ウーバーイーツは，「ネットスーパーなどの配送代行に本格参入を検討」し，出前館はインターネット通販の衣料品などの配送を検討しているほか，「22年から化粧品や医療などの配送を請け負う」という。また，ウォルトは「コストコの商品配送」で，またフードパンダは「食品や日用品配送の拠点を100カ所に」広げるという（『日本経済新聞』2021.11.23：一面）。

（3）オンライン配信サービス
1）有料ストリーミング・サービス

　Netflix，Hulu，Amazonなどの定額で映画や音楽などのコンテンツを提供するビジネスがレンタルビデオやレンタルCDに変わって業績を伸ばしている。レンタル店は対面型のビジネスモデルであるのに対して，ストリーミング・サービスではインターネットを経由して瞬時にお好みの動画や音楽を手に入れることができる。紙媒体の書籍や雑誌についても，書店に出向くことなくオンラインで購入し，画面上で読むことのできるオンライン書籍への移行が急速に拡大している。

　ウォルト・ディズニーはデジタル・ストリーミング事業で2020年5月までにコロナによる需要増などで当初予想を上回る5450万人の契約者を獲得したという［Vaz 2021：13］。これは，ネットフリックスなどのネットコンテンツ配信サービスの路線であり，コロナの収束後においても収

益源の大きな柱となると予想されている。

　映画や音楽コンテンツの有料配信サービス以外にも，日本経済新聞などのニュース配信・教養講座配信 (Nikkei Art Academia) や東進予備校のオンライン授業配信などが展開されている。

2）オンラインの医療提供サービス

　オンライン診療として，医療現場の岩盤規制に風穴をあける「初診からのオンライン診療」が解禁された。内閣府が主導する規制改革推進会議が新型コロナ対策として慎重論を押し切ったのであるが，オンライン診療システム提供に動く新規参入が相次いでいる。「患者が電話やオンラインによる服薬指導を受け，医療品を自宅で受け取るまでを支援する」という薬局と患者をつなぐ新サービスも今回の特例措置でサービスが開始された［日経クロステック編 2020：158-159］。

　また，海外ではオンデマンド医療サービスも始まっている。米国アマゾンは自社従業員用に始めた医療サービスを新型コロナの感染対策の流れを受けて，「アマゾン・ケア (Amazon Care)」というオンデマンド型医療サービスを2021年夏から全米で事業展開に踏み切っている［山本 2021：130-131］。これは，「専用アプリを使って医師や看護師などにテキストチャットやビデオ通話などで医療相談ができるサービスのこと」で，「薬が処方された場合はアマゾンの物流で最短 2 時間後くらいに届くような仕組みになっている」という［山本 2021：131］。

（4）AI（人工知能）の活用

1）配送業界における AI

　佐川急便ではコロナの「巣篭もり需要」の影響で，通常の「平日 1 日当たりの取引個数は450万〜500万個程度」が，2020年12月には670万個

にまで増加した。佐川急便は2019年から「配送伝票のデジタル化」を推し進めており，その成果として一日100万枚の手書き配送伝票のAIによる精度99.995％以上の自動読み取りで，「佐川急便全体で月間8400時間もの業務時間を削減できた」という（『日経ビジネス』2021.6.7：60）。今後の戦略としては，「収益力向上への次の焦点は，宅配業界でどこまで先行してデジタル・トランスフォーメーション（DX）を進められるかにある」として，配送伝票の完全デジタル化によって可能となる「AIが自動で集配ルートを決めるシステムの活用」などを視野に入れている。さらには，「家庭の電力データを分析し，在宅かどうかを予測してルート設定」を行う構想などもあるという（『日経ビジネス』2021.6.7：60）。

　名鉄運輸も「2022年4月からAIを活用し，最も効率的な配送ルートを提案するシステムを導入する検討に入った」という。これは「ドライバーの経験と勘で決めていたルート」の選定についてAIを活用して配送ルートの最適化を図るものである。AIによる配送ルートの選定によって，経験の浅いドライバーでも「効率的に配達でき，最大1割の時間短縮につながる可能性がある」とされる（『日本経済新聞』2021.11.23：29面）。

　AIの進化により，無人自動運転の配送サービスが将来的には日本でも可能になる。米国では無人自動運転が動き始めており，米ウォルマートが南部アーカンソー州で「無人トラックによる物流拠点から店舗への配送を開始」したという。2021年度中に，「無人配送の実用化」をさらに推し進め，「米3都市で配送拠点から家庭までの宅配にも活用範囲を広げる」という（『日本経済新聞』2021.11.18：17面）。食品スーパーのクローガーも「消費者の自宅までの配送の実証を進めている」とされ，「自動運転の実用スピードを左右するのが州政府などによる規制」であるが，「企業誘致に向けて規制緩和を進める州での実証実験や実用化」が加速化している（『日本経済新聞』2021.11.18：17面）。

2）AI によるオンデマンド交通

「AI（人工知能）を用いて運行ルートをリアルタイムで可変させ新しい乗合交通」が東京渋谷で2021年7月1日より動き始めた。AIオンデマンドバスは，①「経路」——呼び出しによってルートを変える——，②「乗車場所」——仮想の乗降スポット（約200m間隔）——，③「ダイヤ」——呼び出しに応じて運行——，④「予約」——乗車直前にアプリや電話で予約——，⑤「車両」——バス・ワゴン・タクシー——，⑥「メリット」——需要に応じた柔軟な運航が可能——，⑦「デメリット」——相乗り状況で到着時刻が変動する——などの特徴を持つ（『日経ビジネス』2021. 8. 16：68-69）。

「コロナで生まれたチョイ乗り需要」でサブスクリプション（30日間5000円乗り放題の定額課金プラン）会員が200人を超え，事業は「上々の滑り出し」であるという。現在はドライバーが乗車するが，ゆくゆくは無人の自動運転車の運行も視野に入る。

3）AI による診療支援

日本でも新型コロナウイルス禍での医療現場の負担軽減策として，医療用の AI の開発が加速している。プレシジョンが開発している診療支援 AI システムでは，「患者が約30問の質問に答えると，関連性の高いと思われる疾患名や必要な検査などが分かる」という。「一般的な電子カルテと連携が可能で，問診などの患者情報をもとに AI がカルテを下書きする」が，これにより初診のカルテ作成時間を3分の1に削減できるという。AI は2000人の専門医の知見として蓄積されたビッグ・データを活用し，「患者の症状を照会し，専門医が選ぶと推定される治療方針を導き出す」ことで医師の診療支援を行う（『日本経済新聞』2021. 12. 2：夕刊2面）。

（5）ロボット・ドローンの活用

1）ロボット利用の拡大

　ロボットを利用し，店員と客の接触機会を減らすことでコロナ対策を行っている飲食店が増加している。「スタイル」は，同社が運営する居酒屋に日本システムプロジェクトが開発した自動配膳ロボットを導入するとともに，東京都内を中心に約1000店舗で客のスマートフォンにQRコードを読み込み，注文から会計までを処理するシステムを構築し，コロナ対策と経営革新に取り組んでいる［日経クロステック編 2020：169］。また，店舗での食材調達や仕込み作業の手間を省くシステムを提供する仲介企業が登場しており，ネットワークで繋がる多数の会社をデジタル技術で適宜選定し，顧客店舗から提供される食品レシピに基づいて調理済みの仕込み材料の形で店舗に届けるというようなサービスを提供し始めている。これらの動きは，コロナ対策という枠を超えて，21世紀のデジタル・トランスフォーメーションの一端を垣間見させるものである。

　ロボット活用の流れは，アマゾンの物流倉庫などの商品棚を自動で運んでくる配送用ロボットにとどまらず，対面型接客業におけるロボット受付やロボット配膳という動きにまで拡大している。日本の現状については，各種法規制との関わりで出遅れの感があるが，楽天グループと西友により「神奈川県でスーパーから住宅へ商品を届ける自動配送ロボットの実証実験」が行われている（『日本経済新聞』2021. 11. 18：17面）。

　テスラの創業者であるイーロン・マスク（Elon Reeve Musk）は，2021年8月，自律運動する人型ロボットの生産に乗り出すことを表明している。このロボットは人間が現在従事している「退屈かつ反復的で危険な仕事」をロボットに移行させるという話である。このロボットは約172センチ，約体重57キロで，20キロの荷物を持ち上げ，時速8キロで移動するもので，発売時期や価格などは未定だが，2022年にはプロトタイプ

を完成させるとしている。

　2）ドローン利用の拡大

　コロナ対策としてドローンを使って大規模施設の消毒作業を迅速かつ効率的に行う試みが始まっている。その一例として，ミラテクドローン（東京都品川区）は，「ドローンを活用した抗菌・抗ウイルスコーティングサービス」を2020年に開始している。またドローンによる重要敷地内の警備や橋梁などの点検，あるいは広大な農地の作物管理や農薬散布にもドローンが使われ始めている。さらにイベント用のパフォーマンスとして数百機のドローンで夜空にメッセージを描いたり，点滅させて花火のような演出するといった用途でも使われている。

　2016年，飛行機型ドローンを世界に先駆けて実用化したのは東アフリカのルワンダである。米国のドローン・ベンチャー「Zipline（ジップライン）」がルワンダ政府と包括契約を結び各地の病院への輸血用血液を届けている。デジタル通信技術とドローン技術をフル活用して，「従来2時間かかっていた病院への血液の配送時間をわずか15分に短縮した」というが，コロナ禍でビジネスは急拡大しており，2019年には隣国のガーナにも進出している（CNET Japan：2020.3.4）。こうしたドローン実用化の動きはアメリカでも見られ，物流大手のUPSとドラッグストアチェーン大手のCVSヘルスが，フロリダの高齢者移住地域に住む13万5000人に達し，自律飛行するドローンによる医薬品の玄関先までの配送を開始している［日経クロステック編　2020：169］。

　日本でも離島などの利便性向上のための輸送手段としてドローン活用のための実証実験が実施され，実用化の動きが見られる。原田・小祝［2021：64-65］によれば，日本でも物流会社や楽天などがドローンの実用化実験を重ねており，2021年4月からは物流大手のセイノーがドローン

開発のエアロネクストと提携し，山間部での常時運用を始める計画があるという。また日本政府も2022年度中に目視する補助者を不要とする「目視外飛行」の規制緩和を予定しており，都市部でのドローン活用の道も開けそうである。「空からの無人配達」の流れに向けて，日本郵便やヤマト運輸も実証実験を行っているというが，「着陸場を設置する費用は1ヶ所数万円」と少額であるなど，「低コストが魅力」であり，「大手以外の参入チャンス」も見込めるという［原田・小祝 2021：65］。

4　コロナ後のビジネス
——リアルからデジタルへ

（1）リアルからデジタルへ

　経済のデジタル化の流れは，コロナ・パンデミックにより加速化されたと指摘する声は多方面から聞こえてくる。コロナ無くしては変化しなかったものが短時間に劇的に変化した。アクセラレイター（accelerator：促進要因）としてのコロナという捉え方である。コロナ禍で展開したビジネスモデルはデジタル技術を活用したものが主流である。e コマースの隆盛は，逆に，生産者と消費者を仲介したリアルな小売店の売り上げの減少を意味するのであり，対面販売の地盤沈下が深刻なものとなっている。この意味からも商品流通におけるリアルからデジタルへの急速かつ劇的な変化を印象付けた。さらに，物流システムについていえば，短期集中型の e コマースの販売イベントで購入された商品は，当然，消費者に流れるわけであるが，その配送業務の基本となる配送システムはコンピュータを中心とするデジタル技術に支えられている。大型配送センターでは，自働配送ロボットが動き回り，配送業務は宅急便から自動運転配送車までデジタル技術によるナビシステムを駆使して行われている

ことは言うまでもない。

　コロナ・パンデミックは「Real から Digital へ」と経済活動の方向性
を大きく転換させた。「対面が難しいという制約条件は，あらゆる産業
に再発明を迫る」のであり，「コンタクトレスティク」の必要が主張さ
れ，「オンラインとリアルが融合した『ニューリアリティー』とも言え
る概念も生まれ始めている」のである［日経クロステック編 2020：11］。

　孫正義は，コロナ後のビジネスについて，「あらゆるものがオンライ
ンでできるようになる社会」の方向性を示し，「デジタルシフト」とい
う言葉を使っている。そして，日本については，「先進国と言えない状
況にある」との見方を示し，「デジタルシフトを加速させる企業が生き
残って，それに遅れてしまうところはより難しい世の中になる」と予想
している（TBS NEWS「孫正義社長単独インタビュー」：2020. 6. 13）。

　アドビ会長のシャンタヌ・ナラヤン(Shantanu Narayen)は，日経フォー
ラム「世界経営者会議」で，「デジタル変革の波は，コロナ禍が終わっ
た後もそのまま残ってゆく。もうコロナの前の世界に戻ることはない」
と述べ，「『デジタルファースト』の世界に私たちは移行した」との見解
を示している。デジタルファーストの社会では，「すべての企業が，デ
ジタルの世界で自社の存在感をいかに高めるかを考える必要がある」と
され，「デジタル技術で顧客と直接につながり，製品は（ネット通販など
で）電子的に届けられる。規模を問わず，すべての企業がデジタルを活
用した変革を考えねばならなくなった」と指摘している（『日本経済新聞』
2021. 11. 11：朝刊15面）。

　自動車ショーも新型コロナ禍で状況が様変わりした。米国自動車
ショーが2021年11月に 2 年ぶりに開催されたが，これまで自動車ショー
に出品していた多くの有力企業が「オンライン・イベント重視」に舵を
切っている。ホンダは自動車ショーそのものへの参加を見送り，新車発

表を自社オンラインで行う方針であるという。また，トヨタはショーには参加するが，ブース展示のみで新車発表はなしである。オンライン展示会では来場者の行動データを分析することで，管理画面上で来場者数はもちろん，立ち寄ったブース・コンテンツ別の閲覧状況・資料ダウンロード数が確認でき，チャット機能やZoomなどを活用することでリアル展示会を上回る対応が可能となることが実感されるようになってきている。

　来場者の行動データをビックデータ化して活用する新たなマーケティング戦略が動き始めたと言える。「ヒューマン・トレーサビリティー (Human Traceability)」という用語がある。オンライン上のサービスや商品のやり取りにより，企業は顧客個人単位での行動履歴・購買履歴をデータ化することきができ，顧客ごとに個別のマーケティングを展開することができるようになる。顧客の行動履歴・購買履歴を詳細に跡付けるビックデータ構築した企業は，商品開発からマーケティング戦略においても競争優位を獲得することは確実である。

（2）デジタル・トランスフォーメーションの進展
　1）コロナ危機とデジタル・トランスフォーメーション
　コロナはビジネス諸関係と会社・従業員・供給者・顧客の相互作用の全面的変革の促進剤として機能した。マイクロ・ソフトCEOのサティア・ナデラ (Satya Nadella) は，「コロナはわれわれの仕事と生活のすべての局面に衝撃を与えたが，2ヶ月間で2年の価値に匹敵するデジタル・トランンスフォーメーションを経験した」と語っている [Vaz 2021：xxii]。

　デジタル・トランスフォーメーション（DX：Digital Transformation）について，通産省は，「企業がビジスス環境の激しい変化に対応し，デー

タとデジタル技術を活用して，顧客や社会のニーズを基に，製品やサービス，ビジネスモデルを変革するとともに，業務そのものや，組織，プロセス，企業文化・風土を変革し，競争上の優位性を確立すること」（経済産業省 DX 推進ガイドライン）と定義している。また，DX を噛み砕いて解説している西村泰洋［2021：18］によれば，DX は，「企業や団体がデジタル技術を活用して経営や事業における変革を実現する取り組み」と定義づけられている。ここでデジタル技術として視野に入れられているのは，AI（Artificial Intelligence：人工知能），IoT（Internet of Things），クラウド・コンピューティング，AR（Augmented Reality：拡張現実）VR（Virtual Reality：仮想現実），Web 技術，API（Application Programming Interface），ブロックチェーンなどの情報通信技術であり，DX は，それらデジタル技術を活用して社会の在り方そのものを変革するものである。DXの活用範囲は広く，「働き方にとどまらず，業務プロセス，顧客や取引先とのやりとり，商品やサービス，そしてビジネスモデルをデジタルに適応させるとともに，それらを支える組織，人材，制度，文化や風土など，企業を丸ごと変革する取り組みである」（『エコノミスト』2020.12.22：84）とも解説されている。

　ファズは，コロナにより DX が否応なく進展することに関して，「テクノロジーと破壊的ビジネスモデルが出現するところでは，組織はデジタル化の方向に推し進められるが，コロナは新たな働き方や顧客と繋がる新たなチャネルの迅速な採用を強制しており，その最善のものはコロナ後も残ることになる」［Vaz 2021：xxiv］と述べている。

　シーベルによれば，DX の核心は，4つの破壊的テクノロジーの合流であり，それらは，クラウド・コンピューティング（Cloud Computing），ビッグ・データ（Big Data），IoT（Internet of Things），AI（Artificial Intelligence）である［Siebel 2019：9］。そして，「これら技術を活用し，生き生

きとしたダイナミックなデジタル企業へと転換する会社は繁栄するが，そうしない会社は今日的意義を持たぬものとなり，存在することを止める」［Siebel 2019：155］と警告している。

　コロナ後の DX に対する企業対応として，一方に，「コロナ禍をきっかけとしてデジタル化や IT 活用の重要性を再認識し DX をより強く推し進めていこうとする企業」があり，他方に，「コロナ以前と同じ状態に戻ろうと DX から逆行しようとする企業」がある。しかし，「デジタル化は一過性ではなく，確実に世の中を変える世界的な潮流であり，もはや後戻りすることはない。デジタル化は『手段』ではなく，『前提』と考えるべきだろう」という ITR 会長の内山悟志の言葉には説得力がある（『エコノミスト』2020.12.22：84）。内山は，「日本企業は，過去の成功体験，旧来の組織制度や企業風土，老朽化し複雑化した既存システム，これらの重たい荷物を捨て去ることができずに，これまでと異なる身軽さが勝敗を左右する新しいルールの戦場で戦いに挑んでいる」と指摘し，「日本の DX への取り組みにおいて，日本は他の国・地域から水を開けられていることを自覚する必要がある」と指摘する。そして，「このままでは，ますます周回遅れとなってしまうのは明白だ」と孫正義と同様の危機感を露わにしている（『エコノミスト』2020.12.22：84）。

2）DX と「働き方改革」の一体性

　「働き方改革」・「業務効率化」においてデジタル技術が活用され，リモートによる経済活動が一般化している。ICT（Information and Communication Technology：情報通信技術），AI（Artificial Intelligence：人工知能），RPA（Robotic Process Automation：定型業務のロボットによる自動化），DX（Digital Transformation：デジタル・トランスフォーメーション）などデジタル技術の活用が企業の命運を左右する時代に突入したのである。

「リモートワークが可能になれば生き方や働き方の選択肢が増える」との指摘は多い。「リモートワークによって多様な生き方や働き方をできる会社であれば，優秀な人材が就職や転職をする際に選ばれる可能性が高い」［日経クロステック編 2020：115］と考えられ，アフターコロナの時代には，リモートワークの対応で企業の競争力に差が出るとされる。人気投資信託の社長である藤野英人は，DX の意識が乏しい会社は，「危機管理に不安がある」として，「DX がない会社は投資対象から外す」と明言し，合わせて「SDGs や SRI の重要性が一層高まる」とも指摘している［日経クロステック編 2020：115］。

　アフターコロナのキーワードの一つは，レジリエンス（Resilience：回復力）であるが，単に過去に回帰するというのではなく，DX の進展した社会に適応することが必要となる。昨今，フィンテック（FinTech）というコトバがもてはやされている。これは，金融（Finance）と技術（Technology）を組み合わせた造語で，金融サービスと情報技術を結びつけた様々な革新的な動きを指すが，コロナ禍での非接触のニューノーマル化によりデジタル貨幣への関心が高まり，スマートフォンなどを使った決済や送金が増加し，結果として現金を扱う銀行系 ATM が廃止される傾向にある。

　地域を巻き込んだ DX としては，内閣府が推進する「スーパーシティ構想」がある。これは未来型都市構想であり，自治体・企業・地域住民などと連携し，AI を活用してビッグデータを解析し，地域内のあらゆる活動やサービスがデジタル・ネットワークで繋がる都市を作ろうとするものである［西村 2021：70-71］。三重県多気町は町づくりの一環として，複合リゾート拠点としての「VISON（ヴィソン）」で DX の実証実験を開始している。その内容は，デジタル技術を活用し，「車両を使ったオンライン診療」・「自動で運転するゴミ箱ロボット」・「観光客向け場内

モビリティー」・「ドローンによる鳥獣害対策」などを実用化するもので
ある（『日本経済新聞』2021.11.23：29面）。

（3）未来のテクノロジー

　AI・ロボット・バイオテクノロジーなど最新技術が既存の技術シス
テムを陳腐化するスピードは我々の予想を超えて早い。コロナにより一
年前倒しで稼働することになった新型スーパーコンピュータ「冨嶽」の
計算能力は2009年の事業仕分けで話題になった「京」の100倍であり，
高い「汎用性」を備えているという。「冨嶽」を用いたコロナ治療薬開
発やコロナ感染シュミレーションの成果は世界の研究機関や製薬会社な
どが協力して構築したデータベースに提供されている［日経クロステック
編　2020：111］。
　ケビン・ケリー（Kevin Kelly）が予測する5000日後の未来のテクノロ
ジーは，「すべてが AI と接続された『ミラーワールド』」と呼ばれる社
会である。ミラーワールドでは AR（Augmented Reality：拡張現実）によ
り，「現実の世界の上にバーチャルな世界が覆いかぶさること」で，「同
時に，他の場所にいる人と地球サイズのバーチャルな世界を一緒に紡ぐ」
ことができる世界であるという［ケリー　2021：23］。ミラーワールドは，
「現実世界の上に重なった，その場所に関する情報のレイヤーを通して
世界を見る方法」［ケリー　2021：23］だと説明されている。VR（Virtual Re-
ality）の仮想現実は，「外界が見えないゴーグルの中でのバーチャルな
世界」であるが，AR（拡張現実）世界は，「スマートグラスなどを通し
て現実世界を見」，そして「現実の風景と重なる形で，バーチャルの映
像や文字が出現」する世界であるという［ケリー　2021：23-24］。テクノ
ロジーの進化は生物進化と「瓜二つ」であり，止まることを知らず，ケ
リーによれば，「近い将来，現実の世界にある道路や部屋，建物などす

べてのもののデジタルツインがミラーワールドに出現するようになる」
［ケリー 2021：26］と予想している。デジタルツインというアイデアは，
「実物と同じサイズのバーチャルなデジタルツインが存在していて，ス
マートグラスをかけたときだけ，実物の上に投影される」［ケリー 2021：
26］というものである。

　VR技術を駆使して研修を実施する企業も登場している。凸版印刷で
は「VRオンライン研修センター」というシステムを構築し，VRでデ
ジタル空間のオフィスに出社すると先輩トレーナーの出迎えがあり，そ
こから研修がスタートするという。「社内のホールを360度見回せるVR
や，フリーアドレス制のオフィスなどを体感できる仕組み」を作り，「デ
ジタル技術の活用によって，様々な外部有識者や空間と無限に連結でき
る」という信念のもとで社員研修の理想像を模索している（『日経ビジネ
ス』2021.5.17：34）。

（4）アフターコロナの企業行動
1）新たなビジネス思想
　コロナ・パンデミックで突きつけられたのが人類の生存の危機という
現実である。このような現実認識は，近年急速に注目されるようになっ
たSDGs（Sustainable Development Goals）に代表される「持続可能な社会
の実現」という国連が訴えてきた目標が単なる絵空事としてのスローガ
ンではなく，人類が直面している喫緊の解決すべき課題であることを実
感させた。安宅和人は，パンデミック以外にも「科学的に予見される事
態」として，気候変動・大地震・火山噴火などを挙げ，日本の起業家と
経営者に向けて，「今や危機が個人や一企業の枠を超えて，もはや国家
というよりも人類社会の存続にまで及びつつある現実を認識すべきだ」
と述べ，「『この星と未来の世代を守る』という使命感が乏しい企業や国・

地域は今後，退場・劇的な変容を求められるだろう」[安宅 2021：156]
と警鐘を鳴らしている。

　地球環境問題に対する関心は，国連の2030年に向けた行動計画である
地球の持続的発展という観点でのSDGs（持続的発展目標）が経済界にお
いても短期間に認知され，その動きと合間ってESG（Environment, Soci-
ety, Governance：環境・社会・企業統治）が企業行動の基準として機能し初
めている。さらに，このような動きを加速させる投資サイドの動きとし
て，世界の主要な投資ファンドがSDGsやESGに配慮しない企業には
投資をしないという「責任投資原則（PRI：Principle of Responsible Invest-
ment）」を打ち出している。PRI原則に署名する投資ファンドは急増し
ており，日本の政府系ファンドを含めて世界で約3700の機関投資家，ファ
ンドの資金総額は2021年現在約120米兆ドルまでに拡大している（PRI
ホームページ）。

　“強欲”と形容されてきた経営者の中にも，株主の利益のみを会社の
存立目的と見る「株主主権論」に疑義を呈し，社会全体の利益という観
点で会社存在を見る「ステークホルダー論」へと経営思想を変化させ
る流れが鮮明になりつつある。世界的な貧富の拡大による社会不安と地
球環境問題をこれ以上放置できないとの認識の高まりを受けて，レーガ
ン・サッチャー以降の先進主要国の経済政策を牽引した新自由主義経済
思想に対する批判が大きなうねりとなっている。新自由主義経済思想で
蔓延した「株主主権論」は，格差社会をもたらし「社会の分断」を引き
起こした。ハーバード大学のサンデル[Sandel 2020]は，「メリトクラシー
（能力主義）」の考え方が「勝ち組」と「負け組」という発想を正当化し，
株主と経営者の強欲なまでの利益追求を正当化していると批判する。「株
主主権論」の経済理論は，「会社は株主のものである」と主張し，株主
とその代理人である経営者の利益追求を正当化し，利害者集団への配慮

や社会価値追求の視点を無視し続けた。今回のパンデミックは，新自由主義経済思想の行き過ぎに対する反省が経営者層にまで広がる中で，「社会問題の解決」や「社会貢献」の発想を根底にすえる企業行動に舵を切るきっかけを与えたと言える。

　コロナ禍によるグローバル経済への影響は経済社会の心理面で，「人間性の回復」・「従業員ファースト」という指向性を全面に打ち出し始めたとの指摘もある［日経クロステック編 2020：10］。この流れは企業の社会貢献と社会との調和を求める「ステークホールダー論」の考え方との親和性が高いと言える。パンデミック以前から SDGs が表明する持続可能な社会への舵取りが行われてきたが，「株主主権論」から「ステークホールダー論」への思想の変化が国連の掲げる SDGs や ESG の流れと呼応し，より明確なものとなったと考えて良い。

　「遅かれ早かれ企業のすべてが社会課題と向き合う時代が訪れます。これは疑う余地のないメガトレンドだと認識したほうがいいでしょう」というのが未来を見据えたベンチャー投資家孫泰蔵の発言であり，企業行動は確実にその方向に動いている［孫 2021：23］。

　2）アフターコロナの働き方
　日立ソリューションズの常務執行役員である紅林徹也は，コロナ後の「ニューノーマル」への企業対応を DX と絡めて以下のように説明している。「不確実・複雑で先を見通せない VUCA の時代」の内容として，① 変化に対する感度を高め，変化に適応する社会，② 新たに生まれる価値やつながりがさらに多様化する社会，③ 改革の基盤として安全や信頼が確保され，今まで以上に重視される社会，の 3 つを指摘している。そして「このような社会に向けて生き残るために必要なこと」としてダイナミック・ケイパビリティーの向上が必要であり，それは「デジタル

を最大限に活用した変化への対応力の向上」であるという。そしてそれに加えて必要なこととして「顧客満足・従業員満足の追求」と「ESG経営」を指摘する。そして，これからの企業に求められているものは，「DXによる強靭化」であり「DXによる持続的成長」であると結論づける（『東洋経済』2021.3.20：13-16）。

　コロナショックにより働き方の「ニューノーマル」として，これまでの「メンバーシップ型」の日本型経営とは真逆の「ジョブ型」の欧米型経営を採用する企業行動も見られる。「ジョブ型」は契約型であり，ジョブ・ディスクリプション（職務記述書）に基づき仕事の内容・勤務地・報酬について雇用契約を結ぶものである。日本では三菱ケミカルが2017年に管理職に向けて先陣を切っており，KDDIは2021年4月からのジョブ型人事制度の導入にむけてジョブ・ディスクリプションを作成中であり，富士通では新制度の展開に向けて労働組合との協議に着手するという（『日経ビジネス』2020.9.14：26-28）。

　「ジョブ型」への制度変更の狙いは，日本型経営の根幹にある新卒一括採用・終身雇用（定年制）・年功制（賃金・昇進）・企業内組合などによる日本企業にはびこる横並び主義による組織停滞を打破しようとするものである。具体的な経営側の意図としては，「① AI（人工知能）などの技術革新に対応するための外部人材の登用，② 従業員が高齢になるほど総人件費が上がるメンバーシップ型の是正，③ グローバル化に対応した社内人材流動化のための処遇統一」などが指摘されている（『日経ビジネス』2020.9.14：37-38）。

　コロナショックは，ジョブ型雇用の拡大・リモートワーク（在宅勤務）・単身赴任の解消・副業の解禁など，これまでの日本の労働慣行を大きく変える動きを加速させている。コロナ・パンデミックは，日本政府が旗振り役となった「働き方改革」の掛け声だけでは，とうてい実現不可能

と思われた日本人のメンタルを劇的に変化させ，企業の制度変革を短期間で推し進めたと言える。

5　おわりに

「茹でガエル」は，「失われた30年」という現実を目にする時の日本の姿である。この惨めな姿を白日のもとに晒したのが今回のコロナ騒動である。日本経済の「失われた20年」は，いつの間にか「失われた30年」と言い換えられていたが，日本は労働者の相対的な貧困化という経済状況にあっても，自ら積極的に変化を求めることなく，かつて発展途上国と言われた東南アジアの国々の劇的な経済成長に気づかぬまま「ぬるま湯」に浸かり続ける「茹でガエル」社会であった。

特にパンデミックへの対応の過程で，日本社会の情報革命・金融革命が最先端を行く国々との比較で「周回遅れ」であるとの指摘が各方面から聞こえてきた。日本政府が決定した特別定額給付金の給付では，デジタル化の遅れが如実に現れ，給付金12兆円を国民に配るのに1000億円以上もの巨額の経費がかかったという笑えない話もある［小林 2021：34］。日本はマイナンバー制度の普及なども一向に進まず，「デジタル化」においては「周回遅れ」という現実をパンデミックは突きつけた。

「イノベーションも経済成長も停滞している日本」との有難くない評価を受けている日本ではあるが，GDP では米国・中国についで世界3位の位置を維持しており，人口比を考慮すればよく健闘しているという分析もある。カリフォルニア大学のウリケ・シェーデ（Ulrike Schaede）の仮説は，パレートの「20-80の法則」からの説明である。日本社会には「20群」の優良先進企業と「80群」の「革新性も変化力も失っており，古いやり方から抜け出せず，将来の成長が見込めない古い事業」が混在

136

し，その「20群」の優良先進企業の頑張りでGDP世界第3位を維持していると言うものである（『日経ビジネス』2020.7.12：96-97）。

　コロナ・ショックは「茹でガエル」状態の「80群」企業に対しても熱湯を浴びせかけて世界のデジタル化の流れ，いわゆるDXへの否応のない対応を求めることになった。DXに直面している企業は，デジタル技術革新に適応して生き残るか，それとも適応できずに消え去るかという瀬戸際に立たされている。デジタル技術革新の進展に取り残こされる人々・企業・そして国家の未来は明るいものではない。コロナ危機を契機として，DXの方向に舵を切り，俊敏な適応力を見せることでしか日本の明るい未来は見通せない。

参考文献

朝日新聞社編［2020］『コロナ後の世界を語る』朝日新書.
安宅和人［2021］「100年後の世界とヒューマン・サバイバル」，Voice編『転換期の世界——パンデミック後のビジョン——』PHP研究所.
Diamandis, P. H. and Kotler, S.［2020］*The Future is Faster than you Think*, Simon & Schuster Paperbacks.
エミン・ユルマズ［2020］『コロナ後の世界経済』集英社.
Harari, Y. N.［2018］*21 Lessons for the 21ˢᵗ Century*, Jonathan Cape.
原田曜平・小祝誉士夫　［2021］『アフターコロナのニュービジネス大全』ディスカヴァー・トゥエンティワン.
伊丹敬之［2020］『日本企業の復活力——コロナショックを超えて——』文春新書.
岩村　充［2020］『ポストコロナの資本主義』日経BP.
ケビン・ケリー［2021］『5000日後の世界転換期の世界』PHP研究所.
小林喜光［2021］「『境界線なき時代』に生き残る企業」，Voice編『転換期の世界——パンデミック後のビジョン——』PHP研究所.
クーリェ・ジャポン編［2021］『新しい世界』講談社現代新書.

Lorizio, N. P.［2021］*Digitalization : The New Normal of the Post-Pandemic World*, AstuteTechnologist.com

中西寛［2021］「文明の『二重転換』と日本の役割」，Voice 編『転換期の世界――パンデミック後のビジョン――』PHP 研究所.

日経クロステック編［2020］『アフターコロナ ――見えてきた7つのメガトレンド ―― 』日経 BP.

西村泰洋［2021］『DX のしくみ』翔泳社.

大野和基［2020］『コロナ後の世界』文春新書.

Sandel, M.［2020］*The Tyranny of Merit : What's Become of the Common Good?*, Macmillan.

Siebel, T. M.［2019］*Digital Transformation : Survive and Thrive in an Era of Mass Extinction*, Rosetta Books.

孫 泰蔵「なぜアジアにベンチャー生態系が必要か」『VOICE』2021年10月号.

山本康正［2021］『世界を変える5つのテクノロジー』祥伝社.

Vaz, N.［2021］*Digital Business Transformation*, John Wiley & Sons, Inc.

Column

パンデミックと飲食業

3

　新型コロナウイルスの感染拡大によるパンデミックは，日本経済に大きな影響を与えた。たとえば，航空業や宿泊業など，打撃を受けた業界をあげれば枚挙にいとまがないだろう。そのなかでも，最も深刻な影響を受けた業界の一つとして，飲食業があげられる。その根拠として，帝国データバンクによる調査では，保有する企業データベース「COSMOS1」に含まれる約10万7000社（金融・保険を除く）の財務情報に基づき，2019年度と2020年度の売上高を比較したところ，飲食業は主要43業種のなかで宿泊業に次いで2番目となる△17.4％の減少であった[1]。また，東京商工リサーチの調査によると，2020年における飲食店の倒産件数は，過去最多の842件に上るといわれており[2]，2021年においても多くの飲食店が倒産に追い込まれている[3]。

　一方で，新型コロナウイルスの感染拡大の状況下でも，工夫をこらしながら業績を回復させている企業もある。その一つとして，名古屋市で複数のうなぎ専門店（ひつまぶし店）を展開している「しら河」を紹介したい。しら河は，1948年創業の老舗であり，長年にわたって地元の人々に愛されてきた。創業当時は，日本料理を提供する「料亭大森」を中心に事業を展開し，その後はひつまぶし店に力を入れてきた。現在では，ひつまぶし店だけで，浄心本店，今池店，ジェイアール名古屋高島屋店，栄ガスビル店，名駅店の5店舗を展開し，通販ギフトも手掛けている。経営理念は，「おなかもこころもまんぷく（鰻福）に」であり，顧客満足を第一とした経営活動に取り組む飲食業である。

　コロナ禍においてしら河は，他の飲食店と同様に業績を悪化させている。2019年度から2020年度にかけて売上高が大幅に減少し，月別でみると第1回目の緊急事態宣言直後の2020年4〜5月の減少が最も顕著であった。しかし，2021年度には，2019年度と同程度まで売上高を見事に回復させている。その要因となったのが，テイクアウトメニューの開発や通販ギフトの拡張などであり，外出を控えるようになった人々のニーズ，すなわち巣ごもり需要と呼ばれるビジネスチャンスをつかむことに成功した。また，拡張だけでなく事業の縮小にも取り組んでいる。具体的には，コロナ禍において業績の悪化が顕著であった料亭大森を2021年3月に閉店させた。料亭大森は，しら河にとって創業店舗であることから，苦渋の決断であったことは容易に想像できるだろう。実際,閉店の決断がどれだけ苦しいものであったかは，しら河女将の著書[4]からも読み取ることができる。しかしながら，傷が浅いうちに事業を撤退することも重要な経営判断であり，その決断がその後の業績回復を後押ししているのも，それまた事実といえよう[5]。

　現在，しら河は既にアフターコロナにも目を向けている。既存事業の強化，新事業による多角化，人材の拡充などを検討しており，料亭大森の閉店をバネに将来は大きく飛躍することが期待される。

注
1）株式会社帝国データバンク「新型コロナウイルスによる企業業績への影響調

査（2020年度）」https://www.tdb.co.jp/report/watching/press/pdf/p210902.
pdf（最終アクセス日：2021年12月16日）.

2）株式会社東京商工リサーチ「2020年飲食業倒産，年間最多の842件発生」https：
//www.tsr-net.co.jp/news/analysis/20210107_01.html（最終アクセス日：2021
年12月16日）.

3）株式会社東京商工リサーチ「居酒屋倒産が過去2番目の多さ，新型コロナの
影響が甚大（2021年1月－10月飲食業倒産動向）」https://www.tsr-net.co.jp
/news/analysis/20211108_01.html（最終アクセス日：2021年12月16日）.

4）森田桂子［2021］『料亭女将の半生　ヒントはいつも出会いの中に』中日新
聞社。

5）コロナ禍におけるしら河の取り組みは，代表取締役を務める森田大延氏より，
日本管理会計学会2021年度第2回関西・中部部会の特別講演「コロナ禍を乗り
越え，次代につなげ！ひつまぶし」でも報告されている。

齊 藤　　毅

第
4
章

パンデミックと自己の変容
——リスク／偶然性と再帰性

牛膓政孝・小田中 悠

1 はじめに

（1） 問題の所在

　世界保健機関（WHO）が新型コロナウイルスの世界の流行状況を「パンデミック」と認定した2020年3月11日より，およそ2年が経とうとしている。現在（2021年11月）までに日本は2回目のワクチン接種率が70％を超え，東京都における1日あたりの陽性者数も10人を下回ることがあるようになった（ピーク時は国内で2万5000人以上）。まばらであった渋谷の交差点には人出が戻り，かつては1つずつ座席を空けて座る人の多かった電車の車内の光景も（窓が少しだけ開けてある以外は）今はもう見られない。

　我々の生活にとって，新型コロナウイルスとは何だったのか，あるいは何であるのだろうか。「新しい生活様式」，「ソーシャルディスタンス」，「3密の回避」といった言説のもとで，我々がコロナとともにあった経験とはどのようなものであるのか。このような問いに答える上でコロナという現象は二重の見えにくさを持っている。1つは上述したような言説が我々の生活や身体に向けて，他者たちとの物理的な空間的隔離を徹底するよう馴致してきたからである。もう1つは医療社会史家の飯島渉が「患者数や死者数が発表され，それに世界の各地が一喜一憂している。

しかし，数字が独り歩きをして，患者や死者，そして感染のリスクにさらされている膨大な個人の顔が見えにくくなっている」というように，我々の認識が，同じくコロナ禍を生きる他の個人に対して向かいにくくなっていたからである。

　それゆえ，本章の主題は，我々がコロナとともにあった経験を知るために，感染への不安や「感染症対策にからめとられるだけではなく，個人の暮らしをなんとか守りながら，外の社会とつながりを求める姿を描」くような「小さな歴史」を収集することである［飯島 2020］。すなわち，本章は，新型コロナウイルス感染拡大下の社会（以後，コロナ禍）における，新型コロナウイルスへの不安やリスク，そして感染症対策の徹底化による「苦しさ」にからめとられながらも，人々がどのように自らの生活を守り，あるいは別様につくり出してきたのかを，インタビュー調査で得られた知見をもとに考察することを目指す。

（2）本章の立場

　もとより，コロナ禍における人々の生活を取りまとめた計量的な知見も蓄積されつつある。たとえば，公衆衛生分野においては，コロナ禍における感染拡大が人々の外出回避行動や食生活の関心に影響を及ぼしていることなどが指摘され［樋口ら 2021：林ら 2021］，社会科学分野では労働環境や主観的ウェルビーイングへの影響が議論されている［樋口・労働政策研究・研修機構編 2021］。また，メディア論的文脈においては，感染者を知らせる報道やSNSへの投稿といったものが議論の対象となっている［鳥海ほか 2020など］。

　社会学的な考察としては，西田亮介による研究が感染拡大初期の段階でなされている。西田はマスメディアとそれに対するSNSの反応から，人々がコロナ禍を「感染の不安／不安の感染」，すなわち，「感染規模や

日常生活・経済に及ぼす『直接的な危険に対する不安』と，人から人へと伝播する感染症特有の『異質な危険に対する不安』の双方」を経験しているとした［西田 2020：14]。

　そうしたなか，本章ではリスク社会論／リスクの社会学の視座をとおして，コロナ禍における人々の生活を考えてみたい。感染症と社会を論じる際に，まず思い出されるのは，M. フーコーの生政治／統治論的アプローチであろう。生政治とは，人々のまとまりである人口に働きかけることで，人々を「死なす」のではなく，生き「させる」ことを目指す統治の形態である［Foucault 1976=1986：175-176, 1997=2007：245]。そして，フーコーによれば，生政治下の感染症対策は，たとえば，年齢層ごとの死亡率や罹患率を数量的なリスクとして算出し，予防接種などを通して，その統計的に異常な傾向を正常な状態へと修正するように作用する[1]
［Foucault 2004=2007：75-77]。

　このような議論において注目すべきことの 1 つは，近現代社会において感染症が流行する場合には，科学的，あるいは，確率統計的なリスクが志向されることが，人々の生と深い関係があると指摘されている点である。そして，リスクと人々の生活の関係という論点を深めていく議論としては，U. ベックのリスク社会論を挙げることができるだろう。また，A. ギデンズによるリスクについての社会学的な議論も，そのような問題を捉えるものとして見ることができるだろう。

　したがって，本章では，ベックやギデンズによってなされた社会学的なリスク論を踏まえて，個人の「小さな歴史」を検討することを目指す。その際，グローバルに感染が拡大している新型コロナウイルスは社会や我々自身の生き方を変えるという，しばしばなされてきた指摘を踏まえ［Christakis 2020=2021；村上編 2020；内田編 2021など]，コロナ禍でリスクと対面するなか，人々は日常生活をどのように送り，どのような選択・

決断をし，それは彼らにとってどのような変化をもたらしたのかといったことに注目していく。

（3）本章の構成

　上述した目的のため，まず，2節において，コロナ禍における「小さな歴史」を扱った研究，および，ベックとギデンズによるリスクに関する議論を概説的に検討する。そこでは，「小さな歴史」に関する研究では重視されていない，対人関係とは異なる水準での変化に焦点を合わせ，ベックやギデンズの議論を踏まえながら議論を進めていくという方針が示される。

　ついで，筆者らが行った調査結果の検討を行う。3節に示した通り，2021年夏から秋にかけて，7人の協力者に対してインタビュー調査を行った。なお，三浦麻子ら［2021］によってなされた調査とは異なり，本章の対象は非医療従事者，かつ，新型コロナウイルスへの感染を診断された経験のない人たちである。そして，4節では，協力者たちの語りの中から，ベックやギデンズが指摘したことを人々がコロナ禍において経験していたことを明らかにする。

　5節では，インタビュー調査の結果から示唆された，ベックやギデンズの枠組みでは，捉えきれないような経験について論じていく。すなわち，確率統計的なリスクとは対比されるような，偶然性の経験である。フーコーが指摘したように，科学的，確率統計的なリスク（感染者数，感染確率など）は人口という人々のまとまりを対象に算出されるものである。そして，4節で見るように，人々は，その知見を参照しながら自らの生活をコントロールすることを試みていた。

　しかし，確率統計的に算出されたリスクは，人口においてどれだけの人が脅威に晒されるかということは示してくれるものの，それがその中

の誰にふりかかるのかは「たまたま」でしかなく，数量的な算出は困難であろう。そして，そのような，数量的なリスクとして描かれた出来事が「たまたま」なものとして主体に突き返される局面にこそ，別様の主体化の可能性や考えなければならない個人の実存の問題があると考えられる［市野川 2000］。本章では，そのような局面を論じるために，S.ラッシュらの偶然性の理論に依拠していく。彼らの議論を踏まえ，コロナ禍における「たまたま」の経験を分析していく。

　最後に6節では，結論と今後の課題について述べる。そこでは，本章の議論によるリスク社会論への貢献が論じられ，展開可能性が示唆される。

2　「小さな歴史」とリスクの経験

（1）「小さな歴史」

　コロナ禍での「小さな歴史」，つまり個々人の経験を収集した研究としては，三浦麻子や村上靖彦らによるインタビュー調査がある。そこでは5人の感染者と13人の医療従事者による罹患の苦しみや絶望，医療現場での切迫した様子が語られている［三浦ら 2020］。その調査をもとに，村上は，コロナが引き起こす「切断」という観点での議論を行っている［村上 2021］。それは人と人との間の「切断」であり，人と社会との間での「切断」である。それは医療だけの問題ではなく，虐待やDVという問題を念頭に起きながら，コロナウイルスが「外出自粛によって……家族間の物理的距離が近くなったことが，もともとの関係の切断を増幅し，逆説的に社会との切断を加速し，SOSを出せない状況に弱い立場の人びとを追い込んだ」と論じられている［ibid.：193］。

　また，中森弘樹による考察は家族や親密な友人関係などを対象として

おり，村上の議論とも重なり合う部分がある。密を避ける「ステイホーム」は結果的に，それに忠実ではない者を「大切な人」に危害を加える人物と位置づけさせ，一方で親密な関係から家族以外の関係を切り離し，他方で家族のなかには「密の過剰」を発生させる。家庭の中の「密の過剰」は，いわゆる「コロナ離婚」等の問題に発展しうるようなひずみである［中森 2020］。

　村上や中森の議論は，コロナ禍での生活を通してどのような変化があった／ありうるのかについて人間関係のレベルでの変容を描いたものとして位置づけられる。新型コロナウイルスの性質およびその感染を抑制するための施策は，このように感染しているとしていないとにかかわらず，他者や社会との関係における距離感に変化を起こした。[2]

　このように，コロナ禍が引き起こした生活の変化として，人間関係の水準での変化を挙げることができる。しかしながら，それだけではない生活の変化や，新型コロナウイルス自体を人々がどのように受け止めてきたのかを見ていく必要がある。そのために，以下では，リスク社会論の視座を確認しよう。それは，「当たり前」を前提にできなくなった社会での人々の経験を記述することを可能にしてくれるものである。

（２）ベック，ギデンズにおけるリスクとその経験

　ベックによれば，リスク社会とは，自然の脅威が産業化の進展に伴い社会の内部に取り込まれ，社会的なレベルから個人的なレベルにまでさまざまなリスクに取りつかれるようになった社会である［Beck 1986=1998：4-5］。そのようなリスクは国境を越えて広がりながら，あらゆる物とあらゆる人，呼吸のための空気，食料，衣服と住居の中に危険として潜むことになる［ibid.：5, 14］。たとえば，産業化が進んだことによるモビリティの発達は，グローバルな感染リスクの拡大の一因として考え

られるだろう。

　このようなリスク社会におけるリスクについて，ここでは，ベックが放射線による汚染などを想定しながら述べた，2つの非知性，すなわち，感覚的な知覚不可能性，そして，未来の予測に関する不確実性を有することに注目したい[3]。まず，放射線による汚染や新型コロナウイルスの蔓延といったリスクは感覚的に知覚することはできない。そのため，PCR検査などのような「理論，実験，測定器具などの科学的な『知覚器官』が必要である」[ibid.：35-36]。その上，そのようなリスクの観測は，科学者の間や関係分野の内部においてさえ大きく異なることが多い [ibid.：41]。それゆえ，リスクはその影響の範囲の特定と予測に関して困難と不確実性を抱え込むことになるのである。

　そして，そのようなリスクの非知性，とりわけ，未来の不確実性は個人のリスクへの態度に深く関わっている。個人は将来避けなければならないリスクをくいとめるための対策をする上で，予測されたリスク計算に基づいて行動を決定する必要に追われる。しかし，人々はしばしばリスクを前に，ある専門家による見解とそれと対抗する専門家による見解のあいだで懸念や不安を経験する。つまり，そのような未来における不確実性を背景に，現在の行動は組織化されていかねばならないのである [ibid.：44-47]。

　ギデンズのリスク論もまた，リスクのなかの個人の経験を記述する上で示唆するところが大きい。ただしギデンズの場合，リスクにおける「非知」というよりも「知」，すなわち，リスクのコントロールや再秩序化を主題としている [cf. 丸山 2001]。ギデンズにおいて「リスク」は，近代における「未来をコントロールする態度」に支えられた選択において前景化するものである [Giddens 1991＝2005：124]。つまり，近代において，原理的にすべての行為は未来において起こりそうなリスクの評価とリス

ク計算に基づいてなされるようになるというのである。

　そして，ギデンズによれば，そのようなリスクの評価を行う中で，個人の存在論的安心，すなわち，「当たり前」という感覚が脅かされるときがあるという。存在論的安心は普段の生活や決定の帰結をある程度予測できるものとして構成していくことを可能にしている保護膜として作用し，多くのリスク評価もそれに伴う実践的意識の水準で――「ちょっとだけ注意して見守っていれば良い」と「括弧に入れる」かたちで――行われている。しかしながら，ある状況や出来事が重大な結果をもたらし問題をはらむものであるという場合には，リスクから身体を守っていた習慣としての保護被膜は穴があけられ，不安が引き起こされる [ibid.：143-151]。つまり，それまでに確立され，習慣的に維持されてきた「当たり前」となっている行動様式が新しい状況の要請に合わず，未来を予測できるものとして構成することが困難となり，自己アイデンティティを揺るがす事態へもつながるものと考えられている。

　そのような，リスクある状況による存在論的安心への損害を最小化・再秩序化することがギデンズにおいて課題となっており，そのための人々の態度や方法が挙げられているので，いくつか参照してみよう。たとえば，（1）リスクに賭けるのではなく日々の課題や課業に専念することを選ぶ「実利的受容」，（2）厭世的なユーモアで不安を追い払う「冷笑的ペシミズム」，（3）専門家や技術が解決してくれると期待する「一貫したオプティミズム」，（4）危険の源泉への異議申し立てとしての「徹底的な社会参加」といったものである [Giddens 1990=1993：168-171]。

　そうした態度や方法に対して，明確に専門家知識に基づくリスク計算に依拠する場合がある。積極的に，不確定な未来を予測可能なものであるかのようにして捉えることを「未来の植民地化」とギデンズは呼ぶ[Giddens 1990など]。それは，しばしば，抽象的システムを介した知識とコ

ントロールの再占有を土台にしてなされる。つまり，専門家の知識を使うことによって，「当たり前」を立て直していくのである。そして，このような作業は，自己アイデンティティの再構築にもつながりうるものである。なぜなら，存在論的な安心を取り戻すことで，新しい「当たり前」に沿った自己がかたちづくられるからである。

　以上の検討を踏まえ，本章では次の論点からインタビュー調査によって得られた語りを分析していく。ベックの非知，ギデンズの存在論的安心と未来の植民地化という観点から，村上や中森が指摘したような対人関係の変化に限らない，個々人の変化のありようを検討していく。

3　インタビュー調査の概要

　本節では，筆者らが行った調査の概要を述べる。インタビュー調査は2021年6月から9月にかけて，7名の協力者に対してそれぞれ1度ずつ行われた。協力者の方々の調査時における基本的な情報は表4-1の通りである。

表4-1　協力者の基本的な情報（調査時）

名前	性別	年齢	居住都道府県	職業・業種	世帯構成
Aさん	男	30代前半	千葉	接客業	パートナーと同居
Bさん	男	30代前半	東京	飲食業	単身
Cさん	女	20代前半	神奈川	専門学生，接客業	父，母，兄，祖母と同居
Dさん	女	30代前半	東京	不動産販売業	父，母と同居
Eさん	男	30代後半	東京	出版業	パートナー，子ども2人と同居
Fさん	女	30代前半	千葉	コンサルタント業（育休中）	パートナー，子ども1人
Gさん	男	20代後半	東京	芸人	単身

150

表4-2　主な質問項目

コロナ禍で不安に思ったことは何か。そしてそれはいつ頃からか。

コロナ禍で気づいた以前の自分とのずれ

コロナ禍で気になってしまった周りの人々や身近な人との違和感

　e.g. 感染リスク，ソーシャルディスタンス，マスク，路上飲酒

コロナ禍で一番印象に残っている出来事は何か。それによって何かが変わったかどうか

　協力者のサンプリングにおいて，感染拡大の中心であった首都圏に在住の20代から30代であること，および，コロナ禍の生活や態度に影響するであろう，性別，職業，そして，世帯構成を考慮した。性別は男性4名，女性3名とほぼ均等になるようにし，職業については各人の業種や勤務形態が異なるようにした。世帯構成についても，単身世帯が2名(Bさん，Gさん)，両親との同居が2名（Cさん，Dさん），パートナーと同居が3名（Aさん，Eさん，Fさん）となるようにした。なお，EさんのパートナーとFさんはコロナ禍の最中に出産を経験しており，Aさんもパートナーの妊娠を経験している。

　調査は筆者ら2名と協力者1名の3名が同席し，ビデオ通話サービスを用いて60〜90分程度行った。インタビューは，過去のことを想起しやすいよう，コロナ禍での主な出来事やその時々の街の様子を掲載したスライドを用意し，それをもとに進められた。主な質問項目は，表4-2に示した通りである。

4　リスクの経験と変容

（1）非知なものとしての新型コロナウイルス

　本節ではインタビュー調査によって得られた語りから，コロナ禍における人々の経験を描いていく。その際，指針とするのが，2節で論じた，

ベックとギデンズによって提示された，社会学的なリスク論の視角である。ここではまず，ベックが強調している，直接的に知覚することのできない脅威の経験に注目する。先述した通り，ベックの視点は，グローバルに拡大する感覚的に知覚不可能な脅威へと向けられている。また，そのような性質ゆえに，その脅威に対するリスク計算を行うことが困難となり，専門家たちによる言説もさまざまなものが対立するという事態が生じてしまう。

　したがって，ベックが述べたような視点は，とりわけ，コロナ禍初期における人々の経験を捉える際に重要であると思われる。というのも，（ベックが想定している放射能と同様に）日常的な感覚の下では知覚することが困難なウイルスという脅威がグローバルに拡大し，そして，医学的な知見が蓄積されていくまでの，2020年初頭からしばらくのあいだ，それが人体に及ぼす影響や感染を避ける方法などについて人々は十分に知ることができなかったからである[4]。

　そのため，以下では，2020年初頭から4月の緊急事態宣言発令にかけての経験についての語りを見ていくこととする。まず，ウイルスが発見された20年1月頃においては，それをグローバルな脅威としては意識していないような語りが見られた。Dさんは，当時を振り返る中で，「どうせ日本には来ないでしょう…SARSみたいな感じで…そんなに広まるものじゃないだろうな」と「他人事」であったと述べている。Eさんもまた，「何か中国で流行っているらしいけど，まあ大丈夫なんじゃないか」と当時の心情を語っている。

　しかし，間もなくして日本国内での感染拡大を経て，2020年4月に最初の緊急事態宣言が発令されるに至ってしまう。そのような状況下において，調査協力者たちは未知のウイルスに対する恐怖や，それに対処する方針をめぐる混乱を経験していくこととなる。たとえば，AさんとC

さんはそれぞれ，この時期の恐怖感を次のように語っている。Ａさんは，「未知のウイルスっていうのが一番怖かった」，そして，Ｃさんは，「得体がしれない」，「どういうものかもわからない」怖さがあったとそれぞれの心情を振り返っている。

　また，Ｇさんは，専門家たちのあいだでウイルスに対する意見が複数現れたことによって生じる混乱を経験している。芸人であるＧさんやその周囲の人たちは３月から劇場が休業したことを受けて，宣言発令当時仕事がなくなっている状態であった。そのような中で，専門家のさまざまな見解が対立していたことにより，劇場が再開する時期をめぐって「パニック状態」が生じてしまっていたという。

　さて，ここまでの議論では，調査協力者たちの中には，感染拡大初期において，新型コロナウイルスを，グローバルに拡大する未知の脅威として経験していた人たちがいたことを示してきた。では，そのような脅威を経験することは，人々にどのような影響を与えたのであろうか。

（2）「当たり前」の喪失

　ここでは，ギデンズの存在論的安心についての議論から，未知の脅威が人々の生活に与えた影響を論じていく。ギデンズによれば，彼が存在論的安心と呼ぶ「当たり前」の感覚が人々の日常生活を支えているという。しかし，未知の脅威に晒されると，そのような安心感が喪失してしまい，「当たり前」を行うことが困難になってしまう。以下では，そのような日常に対する人々の主観的な態度の変容に焦点を合わせ，分析を進めていく。

　まず，新型コロナウイルスの感染が騒がれはじめた当初の楽観的な態度について触れておこう。たとえば，Ｇさんはダイヤモンドプリンセス号の騒ぎがあった頃(2020年２月)，舞台でそのことを時事ネタとして扱っ

ていたという。また，３月から舞台が全て中止になった際にも，「これ
で終わりだろうからこの期間に何かネタになることしないとくらいにし
か考えていなかった」と当時を振り返っている。

　また，同様の態度をＢさんの語りからも見てとることができる。飲食
店で店長を務めるＢさんは，４月からの最初の緊急事態宣言の際に，長
期の休業を経験する。しかし，それを滅多にない長期休暇と捉え，解雇
されるかもしれないという不安はあったものの，この期間を乗り越えれ
ば終わりという感覚をもっていたという。

　しかし，人によっては，特定のきっかけをもって，ギデンズが指摘し
ているような，「当たり前」の崩壊を経験していく。Ａさんにとって，
大きな契機となったのは，緊急事態宣言発令に伴う休業要請の対象に，
パチンコ店が含まれていたことだという。以前，パチンコ店に勤務して
いたことのあるＡさんは，煙草の煙に対処するためにパチンコ店が換気
に優れていることを知っていた。それにもかかわらず，休業を要請され，
実際に営業をやめたことで，「いよいよやばいんだろうな」と「衝撃を
受けた」という。

　また，渋谷近辺を行動範囲としているＧさんにとっては，最初の緊急
事態宣言時の渋谷の様子が，そのようなきっかけとなったようだ。当初
は楽観的な態度をとっていたＧさんは，人気のない渋谷の様子を見た際
に，「ほんとにやばい，ほんとに［人が］来ないんだ」と思い，そして，
「世の中が元に戻らないかもしれないという感じ」を経験したという。[5]

　ここで注目すべきは，Ｇさんが述べている「世の中が元に戻らないか
もしれないという感じ」という感覚であろう。これはまさに，ギデンズ
がいうところの存在論的安心の喪失を示しているといえる。このような
世界の変容に対する漠然とした不安は，Ｅさんも経験している。Ｅさん
は「死にはしない」と感じてはいたものの，当時は怖い夢を見ることが

多く，「世界はどうなってしまうんだろう」と思っていたという[6]。

　そして，そうした不安を覚える中で，それまでは「当たり前」にできていたことができなくなるという経験が語られていく。たとえば，Ｃさんは「密」な状況を無意識に恐れるようになってしまい，満員電車に乗っていることが難しくなり，途中下車してしまうようになったという。また，芸人として「プロ野球選手がホームランの記録を塗り替える」ようにトップに立つことを目標にしていたＧさんは，「世界が元通りになると思って今がんばれる人」へ尊敬を抱きつつも，自らはそのような目標に向かって進めなくなってしまったと述べている。

　このように，新型コロナウイルスという脅威のもとで，人々はそれまでの「当たり前」が崩れ落ちていくことを経験し，そのことは自らの行動や生き方にネガティブな変化をもたらしている。とはいえ，彼／彼女らはそうした負の経験をただ甘受しているわけではない。次に，そうした経験に対する対処について見ていこう。

（3）新たな「当たり前」や自己の再構築

　社会学的なリスク論において想定されているリスクへの対処のしかたとして，ここでは，2節で取り上げた，ギデンズの議論を参照していく。すなわち，先に述べたような「当たり前」が崩れた状況において，専門家の知識に基づいて新しい「当たり前」を構成していくという議論である。そのような枠組みのもとで，科学的な知見（「三密」の回避など）を反映させたり，冷静なリスク計算によって未来をコントロールすることで「当たり前」の崩壊を受けてもなお，改めて生活の道筋を立てていこうとする姿を描き出していこう[7]。

　まず，仕事や学校といった公的な場面での生活についての語りを見ていこう。最初の緊急事態宣言が解除された直後あたり，あるいは，現在

にあっても，「当たり前」の再構築は試行錯誤を伴っており，必ずしも元通りになったというわけではないようだ。声優の専門学校に通うＣさんは，演技（の練習）中にマスクをする必要があることで，思うようにパフォーマンスができない，そして，周りへ自身の実力を十分に伝えることができないという不満を語っている。また，演者たちがマスクをつけていることで，「コロナなんだなって実感」し，現実に引き戻されてしまうという。

　芸人であるＧさんも同様の困難を「戻っている感じがあるけど中身が全然違うのがはじまった」と語っている。緊急事態宣言を経て，再開された舞台での仕事も，演者のあいだのアクリル板や，マスクを着用した，声を出して笑うことのない観客たちの存在によって，舞台上で「何してるんだろう」という感覚を覚えていたという。

　しかし，感染症への対応は次第に組織内でマニュアル化され，「当たり前」のこととして対処できるようになってきた側面もあるようだ。Ｇさんは現在の対応について，「運営する側もこっち側も慣れてきて，このくらいの宣言だったらとか，機材とか準備とか整っているからとか，慌てることなくライブすることができるようになった」と肯定的な評価を行っている。

　このような経験からは，学校や職場といった公的な活動を行うところでは，ウイルスやその感染に関する知識を用いながら，「戻っている感じがあるけど中身が全然違う」という側面はあるものの，新しい「当たり前」をはじめることができていることがうかがえる。[8]

　では，私的な場面での，脅威への対処についてはどうだろうか。まず，最初の緊急事態宣言中に，「当たり前」の変容を積極的に志向するというよりは，非日常に適応することを試みている様子を見てとることができる。たとえば，Ｄさんは，休業期間中は，人と会わないことで「今ま

であった美意識とか全ての向上心が無になった」と自己の変化をネガ
ティブに感じつつも，家の近くを散歩する，映画やアニメ，ライブDVD
の鑑賞といった「引きこもり」を楽しく過ごしたという[9]。また，Gさん
は，休業により収入が減る中で，家でお金がなくてもできるヨガや料理
をはじめたという。

　以上の2つの事例は，感染の拡大やそれに伴う休業をどうしようもな
いものとして受け入れ，その中でできることを探しそれに取り組むとい
う，ギデンズが実利的受容と呼んでいるリスクへの適応を経験している
ものとみなすことができる。他方で，同じくギデンズが冷笑的ペシミズ
ムと呼んだ態度のように，非日常的な事態や不安から距離を置くような
経験も語られている。先にも述べたように，感染への不安から，混雑す
る電車に乗り続けることが困難となったCさんは，帰宅時には途中下車
してひとりで飲酒をしながら歩いて帰るということで気を紛らわせてい
たという。また，Eさんは，世界の変貌に不安を抱えつつも，緊急事態
宣言中に人がいない浅草の仲見世の様子を見にいったと言い，その時に
撮影した写真を見せてくれた。これらの経験からは，Cさんの場合は物
理的な，Eさんの場合は心理的なしかたで，非日常や不安から距離をと
ろうとする態度を読みとることができるだろう。

　とはいえ，公的な場所と同様に，ウイルスや感染への知識が広まるに
つれ，それをあてにしながら自らの生活をコントロール可能なものとし
て組み立て直していく姿を見てとることができるようになる。たとえば，
Bさんは第1回緊急事態宣言中は休業による不安や解放感から歓楽街を
遊び歩いていたが，宣言が明けてからは感染リスクを避けて家で過ごす
ようになる。また，Dさんは「危機管理も慣れたし，かかってもたいし
たことない友達もいたし」といって，大人数の飲み会や気をつけていな
い人との接触は避けつつも，旅行に行ったりするなど，新しい「当たり

前」を構築していっている。

　このようにリスクをコントロールし，生活を組み直していくという態度が強く表れていた語りは，Ｅさんのものであろう。20年5月にパートナーが出産し，育児に取り組んでいるＥさんは，「感染そのものが怖いかというより，『[職員の感染などで]保育園がとまった，やばい』の上級版として，どっちかが入院してやばいっていうのが怖い」と語っている。ここからは，上述したＢさんやＤさんが感染それ自体をリスクとして捉えていたのに対し，Ｅさんの語りからは，感染した際の生活を想定し，その困難さを回避するように心掛けていることが読みとれる。すなわち，感染への恐怖や不安といったところから離れて，計算高くリスク下での生活を見つめているのである。

　以上，本節では，ベックとギデンズのリスク社会論的な知見に導かれながら，コロナ禍を生きる人々が実際に経験していることを示してきた。[10]しかし，彼／彼女らがこの1年半のあいだに経験したことは，そうした枠組みによってのみで捉えきれるものなのであろうか。次節では，ここでの議論によってくみ尽くせないようなリスク下での経験をしていること，そして，それを捉えうるような理論的な枠組みについて議論していく。

5　偶然性の経験と変容

（1）コロナ禍における「たまたま」降りかかるもの

　我々がコロナとともにあった経験を記述するにあたり，次のような語りは既存のリスク論の枠組みからいくらかはみ出してしまう，そのような余白を残している。たとえば，その1つとして，以下のＣさんの語りがある。

　Cさん　1回目〔の緊急事態宣言中〕は……どういうものかもわか
らない，そういう怖さ。2回目〔の緊急事態宣言中〕はどういうも
のかはわかった上での……身近な人が死ぬかもしれないじゃないけ
どそういう怖さ。映画みるまえと映画みたあとの怖さって違うじゃ
ないですか，ホラー映画とかって。

　1回目の宣言中の怖さについては，前節の（1）ですでに取り上げた
が，2回目の宣言中にCさんは質的に異なる怖さの経験をしている。1
回目の非知に由来する怖さに比べ，2回目の怖さは一見すると「わかっ
た上での」怖さと位置付けられうる。実際，社会的に共有されているリ
スクについての科学的知識が，Cさん個人にも定着している様子は，ど
のような行動・場所がリスクあるものなのかを——密の可能性のある電
車を避けるというように——知っている様子から伺いうる。しかし，リ
スクを避ける方法や知識を内面化したとしても，Cさんは依然として恐
怖を抱えたままである。
　このCさんの語りを端緒に，我々は「さまざまな確率を一人一人が受
けとるときに生じている」[市野川 2000：141] 局面を考察していかなけ
ればならない。すなわち，確率論的な計算高さだけでは想定しきれない
経験というものを捉える必要があるのではないだろうか。「映画をみた
あとの怖さ」とは「身近な人が死ぬかもしれない」という怖さである。
それは「映画」で観た「死」がいつ自分や身近な人たちに降りかかるか
わからないという怖さである。それは明日起こるかもしれないし，もし
かしたら今かもしれないし，起こらないのかもしれない。このような「た
またま」降りかかるかもしれないものに対して，どのような態度をとる
のかを考える必要がある。
　では，コロナ禍において，「たまたま」降りかかるものとは何なので

あろうか。真っ先に思いつく経験は，ウイルスへの感染であろう。実際，
三浦らによる感染者へのインタビュー調査からは，「まさか陽性が出る
とは」という語りを見出すことができる［三浦ら 2020：8］。しかし，コ
ロナ禍での人々の経験のうちには，感染という出来事以外にも，人々が
自らに降りかかった出来事を「たまたま」として経験していることを見
てとることができる。そのような経験として，次のFさんとGさんの語
りを見てみよう。Fさんはコロナ禍において妊娠・出産を経験している。
妊娠が発覚した2020年5月のことは次のように語られている。

　　Fさん　〔コロナ禍で子供を産むことに関しては〕ちょっと心配と
　　いうか。でもそんなに，変な話，コントロールできるものでもない
　　し，コロナが終わってからっていってもいつ終わるのか，どんぐら
　　い深刻なものなのかもわからないしで，みたいな感じでした。……
　　コロナもいつ終わるかわからないような問題だから，それで出産遅
　　らせてたら自分何歳になっちゃうんだろうみたいな感じだし。今し
　　かないって感じでもないけど。……〔子供は〕出来てしまうことも
　　あるし，そんな簡単に出来るものでもないし。

また，Gさんは仕事や目標を失う中である大きな賞を受賞した時のこと
を以下のように振り返っている。

　　Gさん　ぼーっとしている時に賞をとれたんですよ。アイデンティ
　　ティゆるゆるの状態で。何にも考えていないし，……精神的にもア
　　イデンティティも全部ボロボロになっていたときに賞とれたんです
　　よ。……賞とれたときに，えーっみたいな……驚きもしたんですけ
　　ど，……自分はこのためにいるんだって納得できたんですよ。……

運もあるし運命的なものもあるし，じゃあこのためになんかしよって，またなったというか。まあお笑いの仕事をしているので，お笑いのためになんかやろうって。……自分に興味は持てなくなっちゃったけど，レールから外れちゃって自分ではもうわけわからないけど，この世界は変わらないから。……〔会社の人や後輩といった〕業界のために何かをするっていうので目標が一個に定まったので，だから簡単になりましたよね，生きて。

　これらの語りはコロナ禍の不安のなかで，何かが「たまたま」自らに降りかかったものの経験を物語っている。Fさんの場合，それは妊娠であり，Gさんの場合，それは受賞である。それらの経験は，それぞれ「コントロールできない」，「運命的」と語っているように，専門家システムの知識をあてにした確率論的な計算高さだけでは想定しきれない経験であろう。
　以下では，このような経験を論じるために，偶然性そのものに関する議論，そしてそれと関連する，偶然性への態度に関する議論を踏まえて考えていきたい。

（2）偶然性に対する2つの立場

　このような偶然性という観点からリスクの経験を考えるために，ラッシュの枠組みを提示することから始めよう。というのも，それはまさに偶然性を社会学的にどう扱うことができるのかという問いのもとに展開されているものだからである。そして，そこで結論として主張されるのは，偶然性を，これまでギデンズの議論に見てきたような専門家システムによる再帰性によっては完全に飼いならすことは不可能であり，むしろそうした偶然性と自己の関係の取り結びの仕方を，ギデンズとは別様

の見解にしたがって再構成することが有益なのではないかというもので
ある [Lash 1993]。

　ラッシュは「偶然性」の論じ方を大きく2つに分けて説明している。
1つは，偶然性をカオスとみなし，再秩序化・再安定化の対象として，
できるだけ最小化あるいは無化されるべきとみなす立場である。ここに
は，これまで見てきたようなギデンズ的な専門家システムによる確率統
計的なリスクのコントロールについての議論が含まれるであろう。

　そしてもう1つが，ラッシュの立場でもある，そのようなカオスや偶
然性の存在をむしろ肯定し，既存の枠組みの方を動揺させ，それを再編
成させる契機とみなす立場である。そのような議論を行った社会学理論
家として位置づけられているのが，Z.バウマンである。ラッシュによ
れば，バウマンは，「よそ者」や「他者の他者性」の議論にあるように，
そのようなカオスや偶然性というものが，むしろそれに出逢う行為者が
もつ従来の認識論的な土台自体を再帰的に問い直させる契機となってい
るのだとみなしているという。そして，ラッシュは，そのような契機が，
自己についての（ギデンズ的なものとは）別様の再帰的な関係の取り結び
へと発展しうるものであるはずだと考えているのである [Lash 1993：14
-18]。
11)

　このようなラッシュの偶然性への関心は，のちにリスク論の文脈にお
いて再論され，偶然性の肯定として「再帰的に判断する動物として……
我々はリスクとともに生き，フォルトゥナを喜んで受け入れる（強調は
ラッシュ）」という論点へと展開されていく。そこでは，予測できないも
のとしての偶然性の自己への再帰的な突き返しに対し，自らの運命を賭
ける態度で臨むような，個々人の生活上・ライフコース上の価値を追求
する行為者像が提出されることになる [Lash 2000：59]。

　以上の枠組みは，現在，我々において問題となっている「さまざまな

確率を一人一人が受けとるときに生じている」[市野川 2000：141] 局面
を，ある1つのかたちで描くものである。さらに，ここにおけるラッシュ
の述べる偶然性やリスクに対する賭けとはどのようなものであるのか。
以下でラッシュのリスク論の一端を再構成してみよう。

（3）偶然性，再帰性，運命

　これまで見てきたように，ギデンズにおいて行為者が「不安」を感じ
るのは，リスクが存在論的安心を喪失させるためであったが，ラッシュ
において行為者が「不安」を感じるのは，専門家システムのリスク計算
そのものによってである [Lash 2000：58]。それは，何らかの脅威の発生
についてある確率を示されるということがその確率を超えてもたらされ
る可能性を想起せざるを得ないためである。つまり，ラッシュにおいて，
さまざまな確率を一人一人が受けとるときに生じている不安とは，「も
しかしたら起きるかもしれない」というような，リスクのコントロール
の意思に反して偶然的に発生してしまう脅威への不安である。それゆえ，
ギデンズが述べるように，専門家システムそれ自体によっては，不安の
解消はもたらされえないのである。

　このような偶然的に発生するような脅威は，自己と環境としての他者
性との邂逅において起こるものであると言えよう。偶然的に発生するか
もしれない脅威は，予想においては「もしかしたら起きるかもしれない」
という形式において不安を引き起こすが，結果として起きてしまった出
来事は自己に対して侵襲的であり，自己はその意味で環境としての自然
に対して受動的かつ「開かれている」ものだと言える。

　そしてこの「開かれている」ことにおいて，自己は偶然の出来事との
邂逅を通じて，かつての自己との差異をもつようなかたちで変容する，
そのような再帰性のなかに置かれることになるのである。それに続けて

述べられるのが上に見た「再帰的に判断する動物として……我々はリスクとともに生き，フォルトゥナを喜んで受け入れる」という命題である[ibid.：59]。

　この命題において，「リスクとともに生き，フォルトゥナを喜んで受け入れる」のは個々人の生活上・ライフコース上の価値を追求する行為者である。この「価値」は，「功利主義的な利害関心であるよりは，善き生活（good life）を育むこと」を目的とした，「私的で，個人的で，主観的」な価値であるとされている[ibid.：47]。そして，そのような価値の追求のもと，行為者は，結果の予測不可能性のもとにある偶然性の状況のなかで，自らの生にとって望ましい結果との出逢いを能動的に引き寄せようとすることを試み，そのように意図し願うよう行為を選択していく。それが「リスクとともに生き，フォルトゥナを喜んで受け入れる」行為者である。

　では，ラッシュが述べるような行為者における態度やふるまいとしては，どのような形式が考えられるだろうか。ラッシュ自身によって明確にされてはいないが，その1つに「賭け」があると考えられる。檜垣立哉は，偶然性と運命の結び付きを，賭けることにおいて議論している。檜垣の「賭け」の議論における偶然性は，九鬼周三の議論を参照しながら，たまたまこのようにしかあり得なかった／他でもあり得たのにそうならなかった（あるいは，そうなっていない）というような経験として捉えられている。そのような偶然の1つとして，本来ならば互いに独立した2つの「流れ」が「この今」において邂逅してしまう偶然がある。たとえば，屋根から瓦が落ちてきて「たまたま」風船に当たる，という現象は，瓦が落下しているという流れと，屋根の下で風船が揺れているという流れが，「この今」において「当たる」というしかたで邂逅を果たしたものだとみなすことができる[檜垣 2008：2章；cf. 九鬼〔1935〕2012など]。

　檜垣において，賭けを行う行為者は，一面においては，この邂逅に対して——前もって与えられる確率に対してであれ，偶然の結果に対してであれ——徹底的に受動的な存在である。つまり，結果や出来事が「この今」において現われる流れに巻き込まれてしまうのである。しかし，他面において，「賭け」はこの邂逅の仕方に積極的に関与しながら，自らにとって望ましい結果との出逢いを引き寄せようとする試みでもある。

　したがって，賭けは，「あくまでも受動的に被る実在」への介入を行うという能動性をもっている。それゆえに，その結果に対しても「何かが受動的に生じてしまうことを，不可能な計算として受けとめる」仕方において能動的な態度決定が——あくまで倫理的に——要請される［檜垣 2008：147-150］。そして，その結果の受け取り方の1つが「運命」なのである。この「運命」は，「何かが必然的に決定されていたと理解される仕組み」であり，かつ，「その出来事は偶々でしかありえないが，しかしそれは引き受けなければならないもの」である［ibid.：97］。[12]

　このような「賭け」の議論は，ラッシュの「リスクとともに生き，フォルトゥナを喜んで受け入れる」行為者の，その偶然性に対する態度やふるまいの現れ方の1つとして考えることができる。というのも，両者は，偶然性が前景化している状況のなかであっても，自らの生にとって望ましい結果を主体的に引き寄せようとすることを試みるという点で重なり合うからである。

　とはいえ，ラッシュの偶然性の経験は，積極的に賭けにいくのではないような経験も射程に収めている。檜垣もまた，上述した賭けの議論の中で，何かを積極的に賭け，狙いにいった場合ではなくても，つまり「当てた」ではなく，「当たった」というような経験においても，偶然性が鋭く意識され，その現実化した偶然性との邂逅が運命として感受されることを指摘している［ibid.：59-60］。

　このような「たまたま」その身にふりかかるような偶然性との邂逅を，自らにとって「運命」として能動的に受け入れるような態度は，ラッシュの再帰性の発想のなかにも見られる。それは，すなわち，ラッシュが再帰性を「日常の経験を超‐論理的意味に結びつける」と規定し，それが「実存的・超越論的意味をひらく」ものであると述べているという点である [Lash 2000 : 53]。

　そして，ラッシュの偶然性の議論は，そのような態度やふるまいにとどまらず，偶然性との遭遇のなかに，さらに自己を変容させる再帰性を見出していくものでもある。再帰的近代化の理論があらゆる基準の問い直しを要求するように，行為者自身が望む「価値」もまた，そのつど新たに，あるいは別様に形成されるような動的な構成のもとにある。その問い直しの契機こそが，ここでは偶然性の出来事であり，この文脈において「運命」はそのような価値の変容との相関において捉えられるものであると言えるだろう。

　以上のような，「賭け」や「偶然性との邂逅」と自己が準拠する価値の変容という枠組みにおいて，あらためて前述の語りを分析してみよう。

（4）「賭け」と「偶然性」の語り

　まずは，Ｆさんの語りから見ていこう。それは最も「賭け」の要素を含んでいると思われるからである。[13] Ｆさんは１回目の緊急事態宣言があった2020年５月に自身が妊娠していることが判明した。実際，当時医師から「あまり推奨はできないと言われてしまって」いた時点で，Ｆさんに対して出産のプロセス全体がリスク計算のもとに置かれることになったと言えるだろう。そうしたなか，Ｆさんは産む決意をしたのである。

　「賭け」は，予測の文脈を超えてなされる，結果への跳躍である。こ

の跳躍は，Ｆさんにとって，２つのコントロールしえない偶然性との邂逅のもとでなされている。１つは，産むことは「コントロールできるものでもない」ということに見られる，自身の身体や生命というコントロールできないものとＦさん自身の生との邂逅である。もう１つはタイミングのコントロールしえなさという，出産とコロナ禍との邂逅である。

　このような邂逅のなかでＦさんは「賭け」を行ったわけであるが，それはＦさんがもともと「子どもが欲しいと思っていた」からに他ならない。そのような「生活上の価値」に基づいたＦさんの賭けは，21年１月末に無事子どもが産まれたということで成功している。この賭けの成功をとおして，すなわち，子どもを持つ母となることで，生活上の価値の布置が変容している。たとえば，ワクチンを接種する否かについて，「なんか難しいですよね。……全然人と関わるような生活でもないからちょっと様子見てます，まだ。［副反応が出てしまうと］赤ちゃんのお世話できないし……母乳育児できない，制限あったりするので」と語っていたことから，彼女自身が新たに持つに至った価値を強くしていたということも，見てとることができるだろう。[14)]

　そのような偶然性との邂逅を経験し，そして自己の変容についても明確に語っているのがＧさんである。偶然性という観点から見た場合，Ｇさんのここでの語りには２つの偶然性との邂逅を見てとることができる。すなわち，コロナ禍と受賞という２つの偶然性との邂逅である。Ｇさんは，芸人としてトップに立つことを目標に「昔は直線的な努力をしていた。コロナでそれがきれちゃったときにもういいやとなっ」てしまっていた。この時のＧさんの不安は，前節で見たように，存在論的安心の喪失に由来するものであり，それが「レールから外れちゃって自分ではもうわけわからない」という語りにも現れている。この状態の変化は，Ｇさんの芸人としての目標を先に見据えたライフコースに対して，コロナ

禍が，Ｇさんの「直線的な努力」を想定していないかたちで打ちひしぐ
ように邂逅してしまったことによる。これが１つ目のコロナ禍との邂逅
である。

　もう１つの邂逅は，１つ目の邂逅の結果，「ぼーっとして……アイデ
ンティティゆるゆるの状態で。何も考えていない」状態で起きた，ある
大会での受賞である。この邂逅は，彼が「えーみたいに，おどろきもし
た」と言っていたように，Ｇさんにとって「たまたま」のものとして受
け取られたものであった。そして，その事実を「運もあるし，運命的な
ものもある」と意味づけている。

　そして，これらの――まさに檜垣が述べた「当たった」という事態に
見られるような――偶然性との邂逅の結果，Ｇさんは「自分はこのため
にいるんだって納得でき」，「自分には興味なくなっちゃったけど」，「お笑
いのためになんかやろう」と思うようになったという。Ｇさんは，コロ
ナ禍において，「性格なのかもしれないが，あるかどうかわからないや
つに向けてがんばれなかった。あるって確定してから頑張りたい」と目
標を見失ってしまっていた。それに対して，この受賞をきっかけに，業
界に関わる人たちのために何かをしたいという目標を抱くようになった
のである。

　そのような語りからは，偶然性との邂逅を契機とした，再帰的な自己
の価値の変容を見てとることができる。つまり，この偶然性の経験との
邂逅をつうじて「あるかどうかわからないやつ」が確固とした「そこに
あるもの」として措定されたため，Ｇさんは新たに別様な仕方で自己の
未来を自らのものとすることができたのである，と考えることができる
のである。その結果，「だから簡単になりましたよね，生きて」と語り
えたのである。

　ここまで，コロナ禍において，確率統計的なリスク計算によっては捉

えきれないような経験，つまり，偶然性との邂逅とその引き受けを見て
きた。それはコロナ禍という偶然と，妊娠や受賞という偶然の2つが重
なるところで生じた経験である。そこでは，FさんとGさんいずれの場
合も，コロナ禍は不安を引き起こすネガティブな邂逅として経験されて
いたが，もう1つの偶然との邂逅で，新しい生き方や態度を見出すこと
ができた。それは，Gさんの場合，「前の自分の方がよかった。今がい
いと思おうとしているだけ」ではあるものの，彼はコロナ禍という偶然
を引き受けることができるようになったのである。

6　お わ り に

　本章は，ギデンズ，ベックのリスク論に依拠するところからはじめて，
ラッシュの偶然性の議論を踏まえて，コロナ禍における「小さな歴史」
を検討してきた。彼らの議論をとおして見えてきた「小さな歴史」は，
新型コロナウイルスが蔓延し，感染症対策が徹底化した社会のなかで，
これまでの「当たり前」に依拠しえなくなるような不安，思いもよらな
い偶然性を経験していたというものである。
　これらの経験の中での彼／彼女らの態度やふるまいは，ギデンズが論
じたような，科学的な知識を信頼しながら新しい「当たり前」を構成し
ていくものもあれば，ラッシュの議論に見たような，「たまたま」降り
かかりそうな／降りかかってしまった偶然性や運命に自らを投げ込むも
のとしてあった。そして，人々はそのような態度やふるまいをとおして
再帰的に自己の変容を遂げていたのだと言うことができる。そこで，ギ
デンズにおいては知識が，ラッシュにおいては価値が，その自己の再帰
的な変容をしていくのである。
　ラッシュの価値に照準した議論の先には，G.ジンメルの生の哲学が

ある［cf. Simmel〔1911〕1919＝1994；Beck et al. 1994］。すなわち，行為者は，「より多くの生」——本章の表現では，より「善き生活の追求」——を望み，偶然性とのより良い邂逅の仕方を引き受けようと試みる存在として位置付けられているのである。そして，そのようなふるまいの1つを「賭け」とみなすことができる。つまり，行為者は「より多くの生」を望み，偶然性の前に賭けているのである。

　本章は，そうした偶然性と価値に焦点を置いた行為者を，コロナ禍の経験の語りから取り出したわけであるが，そのような行為者像は，ギデンズ的な議論のうちには見られない。それは1つには，生態系の破壊や都市の無差別テロを念頭に展開された彼のリスク社会論において，「リスクがもたらす損害は，計り知れないほど，大きいが，実際にそれが起こる確率は，きわめて小さい（と考えないわけにはいかない）」［大澤 2008：131］と考えられていたことと関係しているのかもしれない。しかし，コロナ禍は，リスク経験の別の側面を人々に前景化させる。すなわち，Cさんの語りにあったような，「死」がいつ自分や身近な人たちに降りかかるかわからないというような切迫感であり，Fさんの身体やタイミングのコントロールしえなさであり，Gさんの自らに降りかかった出来事への驚きなどである。

　もちろん，経験的な分析においては，ギデンズ，ラッシュいずれかの観点を欠いてしまっては，人々の経験を記述しえない。今後，とりわけ，リスクにおける生の問題や偶然性という論点を踏まえながら，理論・学説的な研究において，フーコーやルーマンの議論を視野に入れながら，それぞれの枠組みを精緻化していくことが必要であるだろう（cf. 三上〔2007〕）。

　最後に，我々がコロナとともにあった経験とは，どのようなものであったと言えるのか，これに対する本章の1つの回答を示しておきたい。コ

ロナ禍での暮らしは，一方で感染によるリスクや不安，他方で感染症対策にみられるような，人と人，人と社会の切断を規律的に馴致させる言説によって，「当たり前」が切り崩されることになった。外出，会食，旅行といった当たり前にできていたこと，あるいは，ワクチン接種を受けるか否かといったことが，新たに，一度立ち止まって決断・選択する必要に迫られることになった。その決断・選択の所産は，(たとえば「路上飲み」が批判されたように) 一種「危機意識」の差として現われ，他方で(運命という仕方で肯定する限りで)「自分らしさ」ともつながりうるような生き方や流儀にまで昇華されていった場合も少なくない。さらに，コロナ禍では，人は，いつ，どこで感染するか誰もわからないものだった。その意味で，リスクは隣り合わせでありつつ不確実で，非知の状況での決断・選択が強いられた。そのようなリスクと，時として一種「賭け」のような様相を帯びた決断・選択がコロナ禍というリスク社会には見られたと言えるのではないだろうか。

［謝辞］　本章の執筆にあたり，インタビュー調査にご協力いただいた皆さま，調査協力者の紹介や交渉を快く引き受けてくださった方々に，この場を借りて深く感謝いたします。

注

1）このような観点から，コロナ禍を議論したものとして，美馬達也や佐幸信介の研究を挙げることができる。そこでは，「新しい生活様式」やワクチン接種の推進といった行政の対応が，フーコーの視点から分析されている［美馬 2020；佐幸 2021］。

2）このような対人関係の変化の分析には，N. ルーマンのリスク論が有用かもしれない［cf. 小松 2003］。ルーマンは，ある脅威を引き受けるか否かの決定に関わる場合（リスク）と，その影響をただ被る場合（危険）を区別している

［Luhmann 1991=2014：38］。そして，ある脅威が，ある者にとってはリスクであり，他のある者にとっては危険であるような場合，人々のあいだで分離が生じるという［Luhmann 1991=2014：130］。筆者らの調査においても，そのような分離を示すような語りが見出される。たとえば，地方に暮らす家族から「帰ってくるな」と言われる，飲み会や「路上飲み」を行う同僚を避ける，歌舞伎町に頻繁に通う友人とは疎遠になるといった経験が該当するであろう。

3）ベックのリスク概念が多義的なものであることには注意が必要である［cf. 伊藤 2017］。

4）ウイルスの特性についての解明が進んでもなお，予測困難な変異株の出現などの影響により，リスク計算の困難さは依然として存在している。たとえば，リスク計算の典型は保険のかたちで現れるが［小松 2003：54-55］，新型コロナウイルス感染症を対象とした保険商品の1つが販売休止を余儀なくされたことからも，その様子がうかがえるだろう［朝日新聞 2021］。

5）他にも，Dさんは，志村けんの死がきっかけであったと述べている。この出来事については，メディア研究でも，大きな影響を持った出来事だと指摘されている［鳥海ほか 2020など］。

6）そうした漠然とした不安以外に仕事の休業に伴う，売上の減少や自身の雇用といった具体的な不安も語られている（Aさん，Bさん，Dさん）。

7）Twitterへの投稿内容を時系列的に分析した研究によれば，感染拡大初期には未知の感染症への恐怖や不安が目立っていたのに対し，やがて日々の感染者数への言及が中心になっていったという［岸本ほか 2020］。このことは，未知のものとみなされていた対象が，数量的なコントロールの対象とみなされるようになっていったことを意味しているだろう。

8）周知のように量販店（Aさん）や飲食店（Bさん）では，マスクの着用，検温，消毒の徹底や，座席を離して設置するなどの対策を取ることで，新しい「当たり前」の構築が進んでいるといえる。また，テレワーク中心の勤務形態への移行が進んだ職場もあるという（Eさん，Fさん）。

9）Dさんは，この期間に楽しく過ごすことができたのは，「社会全体が止まっているように思えたから」で，「自分だけが止まっているならきつかったと思う」と語っている。このような感覚は，H.ローザの加速化論と関連すると思われる。ローザは，西洋近代的な社会において，人々は，同時に複数のことを

こなすなどして，短時間で多くのことをできるよう努めるようになると指摘している［Rosa 2003：8-10］。Dさんは，自粛生活を機に，手帳に予定が書き込まれていないことへの不安がなくなったという。このことは，緊急事態宣言という，加速化する社会の一時停止を経験したことによる，時間の使い方への態度の変容だと考えることができるだろう。なお，コロナ禍における時間の使い方の変化については，樋口・労働政策研究・研修機構編［2021］に論考が収められている。

10）以上のような論点とは別に，コロナ禍における死別の経験もギデンズの議論を手がかりに考えられるかもしれない。Dさんは，祖父母を新型コロナウイルス感染症によって亡くしており，遺体と対面することは叶わず実感をもてなかったという。また，Cさんは，持病を抱えた祖母を念頭に，「今死んでしまうと葬儀を満足にできないかもしれない」という不安を抱えていた。このような経験は，近代社会では死が専門家の手に委ねられ，道徳的な判断の埒外に置かれるようになったとする，ギデンズの「経験の隔離」と関連するであろう［Giddens 1991=2005：5章］。

11）ここで念頭に置かれているのはバウマンである［Bauman 1991］。なお，バウマンの偶然性の理解について，中島道男は，以下で本章でも参照される九鬼周造の偶然性との共通性をみている［中島 2009：59］。

12）檜垣は，このような議論を競馬において馬券を買うことを念頭に行っている［檜垣 2008］。

13）紙幅の都合上，以下ではFさんとGさんの語りを取り上げるが，「たまたま」への恐怖を語っていたCさんもまた，コロナ禍において賭けを行っている。それは，半ば諦めていた夢である，声優になることを「いつ死ぬかわからないなら」と再び目指し，専門学校に通い始めたことである。また，ここで生活上の価値として志向されているとみなせることは「安定しない」ことであった。

14）Fさんは，ワクチン接種を控えていることを述べる時，「デリケートな話題になっちゃうけど」と前置きしている。そこには，自らの価値の優先に一種の社会的後ろめたさが表れているように思える。このことは，フーコーが，生政治下におけるワクチン接種の拒否を，統治／権力への抵抗（「反操行」）として位置付けていることと関連しているだろう［Foucault 2004=2007；西迫 2021］。

15）ここに，ラッシュが再帰性を「日常の経験を超‐論理的意味に結びつける」

と規定し，それが「実存的・超越論的意味をひらく」ものと述べていたことが見られる［Lash 2000：53］。すなわち，論理的な意味においては単なる因果関係上の出来事に回収されてしまうような経験——大会に出場したら受賞した——を，そのような理解の仕方を超えて，そこに個人の実存的な意味——運命としての感受——を結び付け，超越論的な意味——「何かが必然的に決定されていたと理解される仕組み」——を重ねてしまうような自己意識の運動として理解されるのである。

16）注の 2 ）を参照。

参考文献

朝日新聞［2021］「『コロナ感染で10万円』保険の販売休止　第一生命，感染急拡大で」朝日新聞デジタル（2021年12月 5 日取得，https://www.asahi.com/articles/ASP915RCJP91ULFA017.html）.

Bauman, Z.［1991］*Modernity and Ambivalence*, Polity Press.

Beck, U.［1986］*Risikogesellschaft*, Suhrkamp.（=1998，東簾・伊藤美登里訳『危険社会』法政大学出版局.）

Beck, U., Giddens, A. & Lash, S.［1994］*Reflexive Modernization : Politics, Tradition and Aesthetics in the Modern Social Order*, Polity.（=1997，松尾精文・小幡正敏・叶堂隆三訳『再帰的近代化——近現代における政治，伝統，美的原理』而立書房.）

Christakis, N.［2020］*Apollo's Arrow*, Little, Brown and Company.（=2021，庭田よう子訳『疫病と人類知——新型コロナウイルスが私たちにもたらした深遠かつ永続的な影響』講談社.）

Foucault, M.［1976］*Histoire de la sexualité 1 : La volonté de savoir*, Gallimard.（=1986，渡辺守章訳『性の歴史 I ——知への意志』新潮社.）

——————［1997］*Il faut défendre la société : Cours au Collège de France (1975-1976)*, Gallimard.（=2007，石田英敬・小野雅嗣訳『社会は防衛しなければならない——コレージュ・ド・フランス講義　1975 – 1976年度』筑摩書房.）

——————［2004］*Sécurité, territoire, population : Cours au Collège de France (1977-1978)*, Gallimard & Seuil.（=2007，高桑和巳訳『安全・領土・人口——コレージュ・ド・フランス講義　1977 – 1978年度』筑摩書房.）

Giddens, A. [1990] *The Consequentces of Modernity*, Polity Press.（=1993，松尾精文・小幡正敏訳『近代とはいかなる時代か？──モダニティの帰結』而立書房.）

──── [1991] *Modernity and Self-Identity : Self and Society in the Late Modern Age*, Polity Press.（=2005，秋吉美都・安藤太郎・筒井淳也訳『モダニティと自己アイデンティティ──後期近代における自己と社会』筑摩書房.）

檜垣立哉 [2008]『賭博／偶然の哲学』河出書房新社.

林芙美・武見ゆかり・赤岩友紀・石川ひろの・福田吉治 [2021]「COVID‒19感染拡大の影響下における人々の食生活への関心の変化と関連要因──食生活関心度尺度を用いた検討」『日本公衆衛生雑誌』68（9）：618-630.

樋口匡貴・荒井弘和・伊藤拓・中村菜々子・甲斐裕子 [2021]「新型コロナウイルス感染症緊急事態宣言期間における予防行動の関連要因──東京都在住者を対象とした検討」『日本公衆衛生雑誌』68（9）：597-607.

樋口美雄・労働政策研究・研修機構編 [2021]『コロナ禍における個人と企業の変容──働き方・生活・格差と支援策』慶應義塾大学出版会.

市野川容孝 [2000]「神なき世界と確率」『現代思想』28（1）：135-141.

飯田渉 [2020]「ロックダウンの下での『小さな歴史』」村上陽一郎編『コロナ後の世界を生きる──私たちの提言』岩波書店：70-79.

伊藤美登里 [2017]『ウルリッヒ・ベックの社会理論』勁草書房.

岸本大輝・井原史渡・栗原聡 [2021]「新型コロナウイルスの感染状況に対するテレビ報道の特徴と報道変容の分析」*The 35th Annual Conference of the Japanese Society for Artificial Intelligence.*

小松丈晃 [2003]『リスク論のルーマン』勁草書房.

九鬼周造 [1935] 2012『偶然性の問題』岩波書店.

Lash, S. [1993] 'Reflexive Modernization,' *Theory, Culture & Society*, 10：1-23.

──── [2000] 'Risk culture,' B. Adam ed., *The Risk Society and Beyond*, Sage, 47-62.

Luhmann, N. [1991] *Soziologie des Riskos*, Walter de Gruyter.（=2014，小松丈晃訳『リスクの社会学』新泉社.）

丸山正次 [2001]「リスク社会における不安と信頼──U・ベック，A・ギデン

ズの視点を中心にして」『山梨学院大学法学論集』 47：47-78.

三上剛史［2007］「リスク社会と知の様式——不知と監視」田中耕一・荻野昌弘編『社会調査と権力——〈社会的なもの〉の危機と社会学』世界思想社，21-43.

美馬達哉［2020］『感染社会——アフターコロナの生政治』人文書院.

三浦麻子・村上靖彦・平井啓編［2021］『異なる景色——新型コロナウイルス感染禍に際する感染経験者・医療従事者へのインタビュー記録』（2021年12月5日取得，https://sites.google.com/view/hsp2020/Interview Transcripts）.

村上靖彦［2021］『ケアとは何か——看護・福祉で大事なこと』中央公論新社.

村上陽一郎編［2020］『コロナ後の世界を生きる——私たちの提言』岩波書店.

中島道男［2009］『バウマン社会理論の射程——ポストモダニティと倫理』青弓社.

中森弘樹［2020］「『密』への要求に抗して」『現代思想』48（10）：65-72.

西田亮介［2020］『コロナ危機の社会学——感染したのはウイルスか，不安か』朝日新聞出版.

西迫大祐［2021］「生政治と予防接種」佐藤嘉幸・立木康介編『ミシェル・フーコー『コレージュ・ド・フランス講義』を読む』水声社.

大澤真幸［2008］『不可能性の時代』岩波書店.

Rosa, H.［2003］Social Acceleration: Ethical and Political Consequences of a Desynchronized High-Speed Society, *Constellations*, 10（1）：3-33.

佐幸信介［2021］『空間と統治の社会学——住宅・郊外・ステイホーム』青弓社.

Simmel, G.［1911］1919, *Philosophiche Kultur. Zweite um einige Zusätzevermehrte Auflage*, Alfred Kröner Verlag.（=1994, 円子修平・大久保健治訳『ジンメル著作集 7』白水社.）

鳥海不二夫・榊剛史・吉田光男［2020］「ソーシャルメディアを用いた新型コロナ禍における感情変化の分析」『人工知能学会論文誌』35（4）：F-K45_1-7.

内田樹編［2021］『ポストコロナ期を生きるきみたちへ』昌文社.

パンデミックとノーマルアクシデント理論

4

　新型コロナウイルスによるパンデミックが世界に大きな影響を与えている。組織事故研究では，特定のヒューマンエラーが組織全体に大きな影響を与え，結果として大事故につながるメカニズムが研究されている［谷口 2012］。今回の新型コロナウイルスによるパンデミックは，特定の感染症が社会全体に大きな影響を与えるプロセスとして捉えることができ，組織事故の発生現象と類似していると考えられる。そこで，パンデミックの原因を考えるヒントとして，ここでは，組織事故研究において古くから主張されているノーマルアクシデント理論を紹介したい。

　ノーマルアクシデント理論とは，アメリカの社会学者であるCharles Perrow によって提示された理論である。Perrow［1984］は，1979年に発生したスリーマイル島原子力発電所の事故をシステムの観点から分析し，後述する2点の特性を持つシステムにおいて，事故はシステムの持つ固有の特性の結果であり，事故の発生を防止することは困難であることを主張した。

　Perrow［1984］では，現代の高度なシステムが持つ2つの特性を指摘している。第1に，複雑な相互作用である。これは，相互作用が線形ではなく，複雑であることを意味している。例えば，要素同士のフィードバックループが多い場合には，複雑な相互作用となる。第2に，タイト・カップリングである。これは，システムの構成要素が強固に連結されていることを意味している。例えば，プロセスにおけるタイミングが決定的に重要であり，遅れが許されない，プロセスの順番を変更すること

が許されない場合には，タイト・カップリングとなる。極端に簡略化すれば，考慮しなければならない要因が多数存在し，それぞれを独立して考えることができない場合には複雑な相互作用であり，意思決定のスピードやタイミングが重要な問題になる場合にはタイト・カップリングとなる。

　この2つの特性によって，特定の部分で発生したヒューマンエラーは大事故につながる。まず，システムにおいて，ヒューマンエラーは必ず発生する。そして，そのヒューマンエラーは，システムの複雑性によって，予期せぬ，かつ，理解困難な失敗をもたらす。さらに，システムがタイトに連結されているため，失敗の影響はシステムの一部分に限定されず，システム全体に影響をもたらし，事故につながることとなる。

　さて，Perrow [1984] では，原子力発電所，化学プラント，航空機などを，上記2つの特性をもつシステムと位置づけ，そのようなシステムでは事故は避けられないと主張した。そして，現在，様々なシステムが，程度の差こそあれ，連結はよりタイトになり，より複雑になってきている。実際，クリアフィールド [2018] では，ノーマルアクシデント理論の2つの条件に合致するシステムが増えてきていることを指摘している。

　「システムにおける事故の原因はシステムそのものである」という指摘によって，システムの恩恵を受けている我々は深刻なジレンマに陥ることになる。そして，このようなシステムの中で我々は存在していることを理解し，内省する必要があることをノーマルアクシデント理論，そして，新型コロナウイルス

によるパンデミックは示唆している。

参考文献

クリアフィールド，C.［2018］『巨大システム失敗の本質――組織の壊滅的失敗を防ぐたった一つの方法――』東洋経済新報社．

藤川なつこ［2014］「福島原子力発電所の組織論的考察」四日市大学論集，26（2），119-138．

Perrow, C.［1984］*Normal Accidents : Living with high-risk technologies,* Princeton University Press.

谷口勇仁［2012］『企業事故の発生メカニズム――「手続きの神話化」が事故を引き起こす――』白桃書房．

谷 口 勇 仁

Column **5** Global Effects of the Covid-19 Pandemic

The viral pandemic that first appeared in Wuhan, China in 2019 and that is still exerting such disastrous effects on the world, to some extent by means of its mutating character, is not the first deadly pandemic in history. The 14th Century bacterial plague known as the Black Death killed a number of people in Europe and North Africa variously estimated to have been between 75 and 200 million. More recently, the influenza pandemic of 1918-20 accounted for between 25 and 50 million deaths. Compared to these levels of mortality, the current pandemic's numbers of 5.6 million deaths out of 350 million cases (January 2022) do not seem at first sight to be particularly impressive. However, in large part due to the unprecedentedly interconnected nature of contemporary global society, Covid-19 may prove to have serious long-term consequences more significant than those of any of its predecessors. These consequences may perhaps be considered, somewhat artificially but conveniently, under three closely interrelated headings : economic effects, psychological effects, and sociopolitical effects.

The economic fallout from the pandemic was quickly apparent. In macroeconomic terms worldwide growth fell by around 3.2% in 2020, while global trade declined by 5.3%. Most countries in the world were plunged into recession. At the microeconomic level the effects were felt disproportionately in some sectors, however ; travel and tourism, restaurant and entertainment enterprises, as well as retail business generally suffered catastrophic losses ; thousands of small businesses were forced into permanent closure, with concomitant rises in unemployment. Associated industries such as the agricultural supply sector experienced knock-on effects through reduced demand. Much of the disruption was occasioned not only by the direct effects of the virus itself, although as infections rose so workforces were reduced, but also by the policies of governments around the world in trying to contain the spread of the virus by means of selective lockdowns, immigration restrictions, and other inhibitions on formerly normal social life. Many governments have attempted to mitigate the economic damage done to individuals and families by the pandemic by means of various fiscal policies such as expanding access to unemployment benefit and other means of social support, and direct cash handouts to residents. Free access to vaccine and (in some countries) free testing for Covid-19 have been introduced, and many of the supply problems relating to protective equipment for health workers have been resolved, although in many places in the world medical facilities are under severe strain, shortages of hospital beds and qualified staff having negative effects on the quality and comprehensiveness of care.

Psychological effects of the pandemic are complex and hard to assess, ranging from a generalized mild anxiety or insomnia occasioned by fear of contracting the virus, through to clinical symptoms such as delirium or agitation brought about by the virus itself. A number of other factors, however, are responsible for triggering potentially serious mental health conditions, which are then placing further strain on the beleaguered health systems of many countries. Among these, the isolation and loneliness precipitated by lockdowns and similar restrictions, the loss of normal social intercourse, can provoke a decline into serious clinical depression, or exacerbate a preexisting proclivity for dysthymia. Such a reaction can also be brought about, of course, by the personally devastating circumstance of losing a job along with the financial blow of loss of income. For many people, their senses of self-worth and identity are closely connected to their role in society, including their employment status, and suddenly losing these psychological anchors can have calamitous consequences. Given the reduction in adequate medical and social remedies for depression, it is no surprise that the incidence of alcohol and drug abuse has increased significantly since the onset of the pandemic. Another major factor having an impact on mental health is that of bereavement and subsequent grief. Having a non-local family member or friend fall ill, whether due to Covid-19 or to another cause, during a state of lockdown and thus being unable to visit them or provide appropriate comfort, has been almost unimaginably hurtful for many people, a situation made even worse if the person then dies, alone, with attendance even at the funeral restricted or even prohibited. It is almost certainly too early to assess the long-term psychological ramifications of the Covid-19 pandemic, but there is little doubt that there will be a serious aftermath.

Sociopolitical aspects of the pandemic have varied widely according to country and even region, but one notably widespread feature has been a certain fracturing of social cohesion and a diminution of trust in authorities. In times of perceived crisis citizens expect their governments to take control, devising and executing policies that resolve the situation speedily and efficiently. When this does not seem to be the case to some members of the population, especially if they perceive themselves to be a discriminated minority, there is resentment both against the central government (the elite), and against those elements of the population that seem to be doing relatively better. That is, perceived inequalities in policies relating to the pandemic may magnify preexisting divisions within the society, serving as a focus for generalized dissatisfaction. The opposition to such seemingly rational measures as mask wearing, a conspicuous feature of large parts of the United States, for instance, may be as much an intended statement of individual freedom, an anti-authority gesture, as much as a considered denial of the efficacy of the measure itself. The broader social outcome of such discrepancy in response has been to intensify divisions which, formerly somewhat inchoate, can now coalesce around a symbol such as mask wearing, vaccine mandates, or school closures. Although there is a clear need for informed debate over policies in response to the pandemic, rational discussion of such issues is increasingly replaced by stridently emotional tribalism, surely deleterious to the integrity and development of the social fabric.

As stated above, reducing the global effects of the Covid-19 pandemic to just three vaguely-defined topics is inadequate at best and misleading at worst. However, for the purposes of this short essay this approach perhaps provides a framework for considering some of the more obvious and potentially important consequences of what may yet prove to be an unprecedented global public health disaster.

Richard Harris

あ　と　が　き

　本書においては，2021年12月末までのパンデミックの状況を参照して，執筆
を行ってきた。が，その後，2022年に入ってから，世界各国で猛威をふるって
いたオミクロン株による第六波が訪れて，わが国でも急速に感染が拡大，各都
道府県で毎日感染者数が増加し続けた。オミクロン株は感染力が強いものの，
重症化する比率は低いという情報もあるが，飲食店の人数制限や営業時間の制
限，酒の提供など賛否両論があるなかで，すでに半分以上の都道府県にまん延
防止等重点措置が発令されようとしている。
　ロンドン美大の友人から，感染のピークを過ぎたという英国において，政府
が来週からすべての制限をなくすことにしたというメールが，届いた。彼女は
何が起きることになるか見てみようと待っているそうだ。2020年にはおそらく
自分は感染したようだが，救急車も来てくれないので寝て治したという友人は，
来週以降も自分はマスクを携えるという。英国ではジョンソン首相が官邸の庭
でワイン付きのクリスマスパーティに参加したことをマスコミから激しくたた
かれているという現状もある。
　同じくピークを過ぎたフランスでも，2月からはほとんどの制限が撤廃され
るということだ。
　いっぽうイスラエルでは，4回目のワクチン接種が始まっているという。
　海底火山の爆発によって津波と火山灰に襲われたトンガでは，コロナウイル
スの感染はこれまで一例も起きておらず，各国の支援は必要とされるものの，
支援物資や支援の人員とともにコロナウイルスまでも入国することを警戒して
いるという。
　北京の冬季オリンピック開催まで2週間を切っている今日，中国政府はオミ
クロン株に警戒していて，陰性証明がなければ，入場できない場所も多く，感
染者の出た場所を厳重に封鎖しているということだ。テレビの場面からも，昨
年7月の東京オリンピックを思い出させるようなピリピリとした雰囲気が伝
わってくる。
　各国はその歴史と文化に合わせて，各々その現状を鑑み，試行錯誤を繰り返

しながら，さまざまな施策を実施しているようだ。このまま終息に結びつくのか？　それともまた別の変異株が出現することになるのか？　ウイルスと共存する方法を見出すほかないのか？

　今回のパンデミックは，プラットフォーム資本主義による人間の客体化や数値化，地球の持続可能性に対する懸念，富裕層と貧困層の格差拡大など，多くの問題を引き起こしている現在のグローバル社会に一石を投じることになるのではなかろうか。本書が今までとは異なったもうひとつのグローバル社会へ向けてさまざまな可能性を開く扉として，議論の端緒を示唆することができれば幸いである。

　晃洋書房の阪口幸祐さんには，2018年の『フローと再帰性の社会学——記号と空間の経済』の翻訳以来，2020年の『グローバル社会の変容——スコット・ラッシュ来日講演を経て』でもお世話になってきた。本書の出版に際しても，なかなか揃わない私たちの入稿を忍耐強く待っていただき，いくつかの貴重なご助言をいただいた。おかげで出版にこぎつくことができて，執筆者一同心から感謝している。

　　2022年1月23日

中西 眞知子

＊2022年1月26日に，編著者の中西眞知子氏が，急逝されました。
　故人のご功績を偲び，心からご冥福をお祈り申し上げます。

《著者紹介》 （執筆順，＊は編著者）

＊中西眞知子（なかにし　まちこ）[序，第1章，あとがき]

大阪大学大学院国際公共政策研究科博士後期課程修了，博士（国際公共政策）．現在，中京大学経営学部 教授．『再帰的な近代社会——リフレクシィブに変化するアイデンティティや感性，市場と公共性』ナカニシヤ出版（2007年），『再帰性と市場——グローバル市場と再帰的に変化する人間と社会』ミネルヴァ書房（2014年），共編著『グローバル社会の変容——スコット・ラッシュ来日講演を経て』晃洋書房（2020年）など．

川 端 勇 樹（かわばた　ゆうき）[コラム1]

東京工業大学大学院社会理工学研究科経営工学専攻博士後期課程修了（学術博士）．現在，中京大学経営学部 教授．組織間関係論を主な専攻とし，主に地域産業の振興に向けた異分野間連携を促進するためのマネジメントについて，日本・欧州の事例を中心に研究を進めている．『地域新産業の振興に向けた組織間連携の成立プロセスと促進——医療機器関連分野における事業化推進への取組み——』ナカニシヤ出版（2017年），「日本の中小企業の新興市場進出における成功要因に関する研究——「制度のすきま」の克服——」（『日本経営診断学会論集』17：1−7，2017年），"Managing to facilitate cross-sectoral inter-organizational collaborations：Findings from the experience in Germany.", *International Journal of Systems and Service-Oriented Engineering*, 10（2）：13-41, 2020など．

西 川 絹 恵（にしかわ　きぬえ）[第2章]

中京大学大学院経営学研究科後期博士課程在学中，修士（経営管理学，教育学）．現在，中京大学先端共同研究機構 特任研究員．臨床心理士・公認心理士．共著『特別支援教育のための100冊 ADHD、高機能自閉症・アスペルガー症候群、LDなど』創元社（2007年）生島博之 他，「自己組織化を促す「場」について——供給者や消費者の居心地の良い場を創り出す——」（『中京企業研究』41号：89-102，2019年），「働く『場』の居心地に影響を与える要因——インターネット調査を用いた定量調査による検討——」（『中京企業研究』42号：143-180, 2020年）など．

津 村 将 章（つむら　まさゆき）[コラム2]

東北大学大学院経済学研究科博士後期課程修了，博士（経営学）．現在，中京大学経営学部 准教授．「マーケティング・コミュニケーションにおける有用なクリエイティブ要素——物語の観点から——」（『マーケティング・ジャーナル』37（3）：54−76，2018年），「消費者が語るナラティブのダイナミクス——インターネット上での「炎上」に関する解釈分析——」（『JSMDレビュー』4（1）：25−32，増田朋子・松井剛との共著，2020年），「物語を用いた消費者行動——ナラティブ・プロジェクションに基づく検討——」（米田英嗣・和田裕一編著『消費者の心理をさぐる——人間の認知から考えるマーケティング』誠信書房，119−141，米田英嗣との共著，2020年）．

中 條 秀 治（ちゅうじょう　ひではる）[第3章]

早稲田大学大学院商学研究科後期博士課程中退．現在，中京大学経営学部 教授．『組織の概念』文眞堂（1998年，「1999年度　組織学会賞」），『株式会社新論——コーポレート・ガバナンス序説——』文眞堂（2005年），『コルプス・ミスティクムとは何か——教会・国家・株式会社を貫く団体の概念——』文眞堂（2020年，「2021年度　経営学史学会賞」）．

齊藤　毅（さいとう　たけし）［コラム3］

明治大学大学院経営学研究科博士後期課程修了，博士（経営学）．現在，中京大学経営学部 准教授．「管理会計におけるテキストマイニングを用いた顧客満足度の規定要因に関する質問票の設計——ホテル業A社での事例——」（『戦略経営ジャーナル』3（4）：349-365，鈴木研一との共著，2015年），「プロジェクトにおける予備費の計上・執行手続きとその意義——プラント建設業A社の事例——」（『原価計算研究』40（2）：58-71，2016年），「テキストマイニングを用いたアジャイルプロジェクト研究の文献調査——アジャイルMCSの構築に向けて——」（『中京経営研究』31（1）：1-20，井芹薫・中村正伸・中島洋行との共著，2021年）．

牛膓政孝（ごちょう　まさたか）［第4章］

慶應義塾大学大学院社会学研究科後期博士課程単位取得退学，修士（社会学）．現在，中京大学先端共同研究機構 特任研究員．「S．ラッシュ『再帰性論』における美的批判とその後の転回」（慶應義塾大学大学院社会学研究科修士論文，2015年），「美的再帰性と伝統——『再帰的近代化』の再解釈をつうじて」（『人間と社会の探究』84，2017年），「共同体を想像すること——スコット・ラッシュにおける共同体論の再構成」（中西眞知子・鳥越信吾編著『グローバル社会の変容——スコット・ラッシュ来日講演を経て』晃洋書房，2020年）．

小田中悠（おだなか　ゆう）［第4章］

慶應義塾大学大学院社会学研究科後期博士課程修了，博士（社会学）．現在，東京大学大学院情報学環・学際情報学府 助教．「日常的な相互行為のゲーム理論的記述可能性——A．シュッツの行為論を手がかりにして」（『経済社会学年報』39，2017年），「日常的な相互行為における期待の暗黙の調整——E. Goffmanのフォーマライゼーション」（『理論と方法』33(1)，吉川侑輝との共著，2018年），「意味世界の計算社会科学的分析に向けて——社会学におけるトピックモデルの意義の検討」（『理論と方法』34(2)，中井豊と共著，2019年）．

谷口勇仁（たにぐち　ゆうじん）［コラム4］

名古屋大学大学院経済学研究科博士後期課程修了，博士（経済学）．現在，中京大学経営学部 教授．「雪印乳業集団食中毒事件の新たな解釈——汚染脱脂粉乳製造・出荷プロセスの分析——」（『組織科学』41(8)：77-88，2007年），『企業事故の発生メカニズム——「手続きの神話化」が事故を引き起こす——』白桃書房（2012年），「企業事故における報告活動と報告回避行動」（『日本経営倫理学会誌』27：49-59，2020年）．

Richard Harris（リチャード・ハリス）［コラム5］

Ph. D. (University of New Mexico, 2002) 現在，中京大学経営学部 教授．"Uncommon Ground : Cultural Differences in Space Perception" *The Way Things Aren't : How Losing Our 'Givens' Gives Us Power to Communicate*, Oxford, UK : Interdisciplinary Press, 2015. "Relatively Speaking : Anthropology, Intercultural Communication, and the Prime Directive," *Chukyo Management Research*, March 2018. "Relativity Reconsidered : How Can We Respect Other Cultural Practices and Remain True to Our Core Principles?" *Journal of Studies in the English Language*, Bangkok, Thailand, May 2019. 'Perceptions in and of the City : Transformations of Multiculturalism' *Transformations of Global Society : Responding to the Japan Lecture of Scott Lash*, Kyoto, Japan : Koyo Shobo, 2020.

パンデミックとグローバル社会
——もうひとつの社会への扉——

2022年3月30日　初版第1刷発行　　　＊定価はカバーに
　　　　　　　　　　　　　　　　　　　表示してあります

編著者　　中　西　眞知子ⓒ

発行者　　萩　原　淳　平

印刷者　　藤　森　英　夫

発行所　株式会社　晃　洋　書　房

〒615-0026 京都市右京区西院北矢掛町7番地
電　話　075(312)0788番(代)
振替口座　01040－6－32280

装幀　HON DESIGN（小守 いづみ）　印刷・製本　亜細亜印刷㈱
ISBN978-4-7710-3630-7